JN070946

作家になる方法

千田琢哉

あさ出版

もし作家になれなかったら、
テロリストになっていた。

0 はじめに——人はなぜ作家を目指すのか。

大学時代のことだ。高校時代から購読し続けていた漫画雑誌を買うために講義を抜け出し、当時仙台市のサンモール一番町にあった丸善に嬉々として駆け込んだところ、私の勘違いで発売日を1日間違えておりまだ売られていなかった。

落胆した私はその時たまたま目に入った本を立ち読みしてみたところ、全身に電流が走るほどの衝撃を受けた。それは現在1100冊超の著書を持つ中谷彰宏氏の本だった。

当時はまだ中谷氏の著作数も数十冊程度だったと思う。

これまで漫画以外の本を読破したことのない私はその場で読み終え、「おお、これが人生最初に読んだ本じゃないか！」と自分へのご褒美として記念に買って帰った。

私がこれまで公式には打ち明けたことのない事実を今回初めてここで告白したい。

念のため私は職業作家としてこれまでに有料コンテンツで虚偽を述べたことは一度もな

いことを強調しておく。これは私のプロ魂であり誇りでもある。

人生最初の本を読み終えた私は、その直後次のことが鮮明にイメージできた。それは本当に鮮明だった。

「私にも本が書ける。将来はこの分野でトップに立てるかどうかはわからないけど、スポットライトの端には入れるだろう。どんなにしくじっても100冊は出せるはずだ。たとえば大手書店の書棚に自分の名前が書かれたプレートが挿し込まれるくらいにはなるだろう」

まだ大学生で何も経験や実績がないのにハッキリとそう確信したのだ。後に知ることになる村上春樹氏のエピソード、神宮球場で野球観戦中に「そうだ、小説を書こう」と啓示を受けたのとどこか似ている。

さらに村上氏はよく晴れた日曜日、翼に怪我を負った伝書鳩を表参道の交番に届けた際、自分は間違いなく新人賞を受賞するだろうと思ったというが、私にもそれと似た出来事があった。２０１１年3月11日に東日本大震災が発生し、私が大学4年間を過ごした土地の惨事が映像で繰り返し流れるのを見ながら自分のいた都内も激しく揺れる中、当時出版を控えていた私の新刊がこれまでとは桁違いのベストセラーになるだろうと頭を過った。不謹慎かもしれない。でも本当の話だ。そしてそれは現実となった。

ごく平凡な日常の中に突如舞い降りて人生を一変させてしまう啓示、エピファニーのようなものがこの世には確かに存在するのだ。身内の誰かが亡くなる直前、ふと頭の中に何かが過るといった経験は誰でも一度ならずしたことがあるだろう。それらは決して科学的とは言えないし、きっとこの先も科学では解明できないかもしれないが、そうした啓示を逃さないことが作家になれるか否かに限らず、人生を飛躍させるには欠かせないような気がする。

あなたもこれまでの人生を虚心坦懐に振り返ってみよう。きっとそうした啓示を受けているはずだ。もしまだ受けていない人がいればひょっとしたら頑張り過ぎなのかもしれない。嫌なことを嫌々やっていたり頑張り過ぎていたりすると、せっかく啓示を受けても見逃してしまう。啓示を受けるのは多くの場合リラックスしている瞬間だ。

忙し過ぎる人は一度勇気を出してズル休みをしてみよう。ズル休みをすれば頭と心がリラックスできて啓示を受けやすくなる。普段から休んでばかりいる人は啓示を受けないが、普段から頑張っている人がたまに休むと啓示を受けるのだ。啓示を受けたらもうやる気なんて要らない。やる気など放っておいても身体の芯から湧いてくるし、どんな艱難辛苦も乗り越える知恵と勇気を授かるだろう。

本書を手にしたあなたはすでに頑張り屋さんのはずだ。いつまで経っても報われない頑張り屋さんにとって一番大切なのはもっと頑張ることではない。勇気を出して休むことである。幸せはいつも逆にあるのだということを忘れないでもらいたい。


人はなぜ作家を目指すのか。それは、啓示を受けたからである。

作家はなぜ書籍を出し続けるのか。それが、使命だからである。

本書では職業作家としてかれこれ16年余り、業界最大手から一人出版社まで幅広い取引をさせてもらいながら国内外でこれまでに240冊以上の紙書籍を出させてもらった私が、すべての作家志望者と継続して書籍を出したい同志に向けて全身全霊で書いた。

職業作家を目指すあなたにとってはとても大切なことだと思うのであえて述べておく。誠にいやらしい話だがおかげさまで私は先に本の印税で生涯賃金をとっとと稼ぎ終えさせてもらった。さらに最近では暇に飽かして始めた音声ダウンロードサービス「真夜中の雑談」、出版社を一切介さない完全書き下ろしPDFダウンロードサービス「千田琢哉レポート」も好評を博している。もし私が将来出版業界から干されても、この先1冊も本を出せなくても、経済的には痛くも痒くもない。

本を出せなくなった作家が過去の栄光を振りかざして高額セミナーで作家志望者から暴利を貪ったり、「作家になる方法」と称してその実作家志望者たちの無知蒙昧さを嘲笑いながら出版社や編集者に媚びるヨイショ本を出して卑しく食い繋ごうとしたりするのとは対極の境遇である。

私が実績皆無で名もなく貧しかった頃を思い出し、「あの時こんな本があればもっとショートカットできたのに……」という本心と良心から本書は生まれたのだ。

だから本書にはおためごかしや美辞麗句の類いは一切書かれていない。それらの嘘は作家志望者に対して失礼だと思うからである。作家に限らないがもし何かの分野でプロを目指すのであれば、褒めてくれる相手を求めるべきではない。褒めるというのは格上が格下を支配するための卑しい行為だと早く気づこう。「私、褒められて伸びるタイプです！」と言うのは、「私、奴隷志願者です！」と告白しているのに等しい。

何の奴隷かって？　他人の夢の奴隷である。奇跡的に授かった命を他人の夢の奴隷になるために使いたければそれもいい。自分の命は自分で使い方を決めればいいのだから。

他人の夢の奴隷になるのはまっぴらごめんだという人は厳しい人にしがみつこう。

ひょっとしたらこれは時代に逆行している考えかもしれないが、だからこそあなたは希少価値のある存在となり楽勝できることをお約束する。

本書を手にしているというこの事実こそ、あなたが職業作家になる啓示なのだ。

２０２４年１月吉日　南青山の書斎から　千田琢哉

作家になる方法　目次

1 準備をする

2 執筆する（設計編）

3

執筆する（原稿執筆編）

4 第1作目を出版する

5 第1作目を重版させる

6 ヒット作を出す

7 作家になる

8 書籍を出し続ける

9 作家として生きていく

デザイン：小口翔平＋畑中茜＋後藤司（tobufune）
DTP：センターメディア

出版業指数の推移

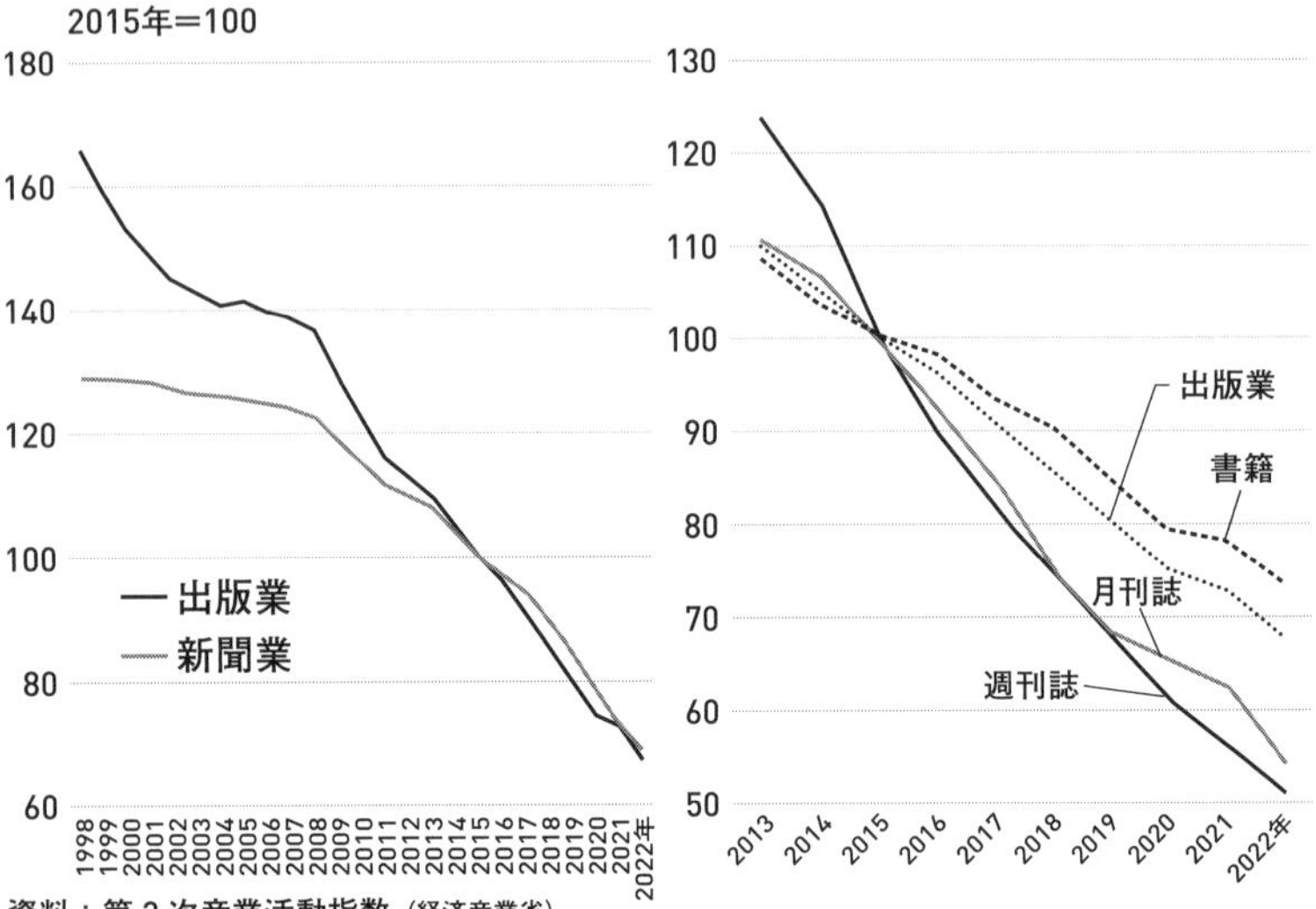

資料：第３次産業活動指数（経済産業省）

出版市場の推移

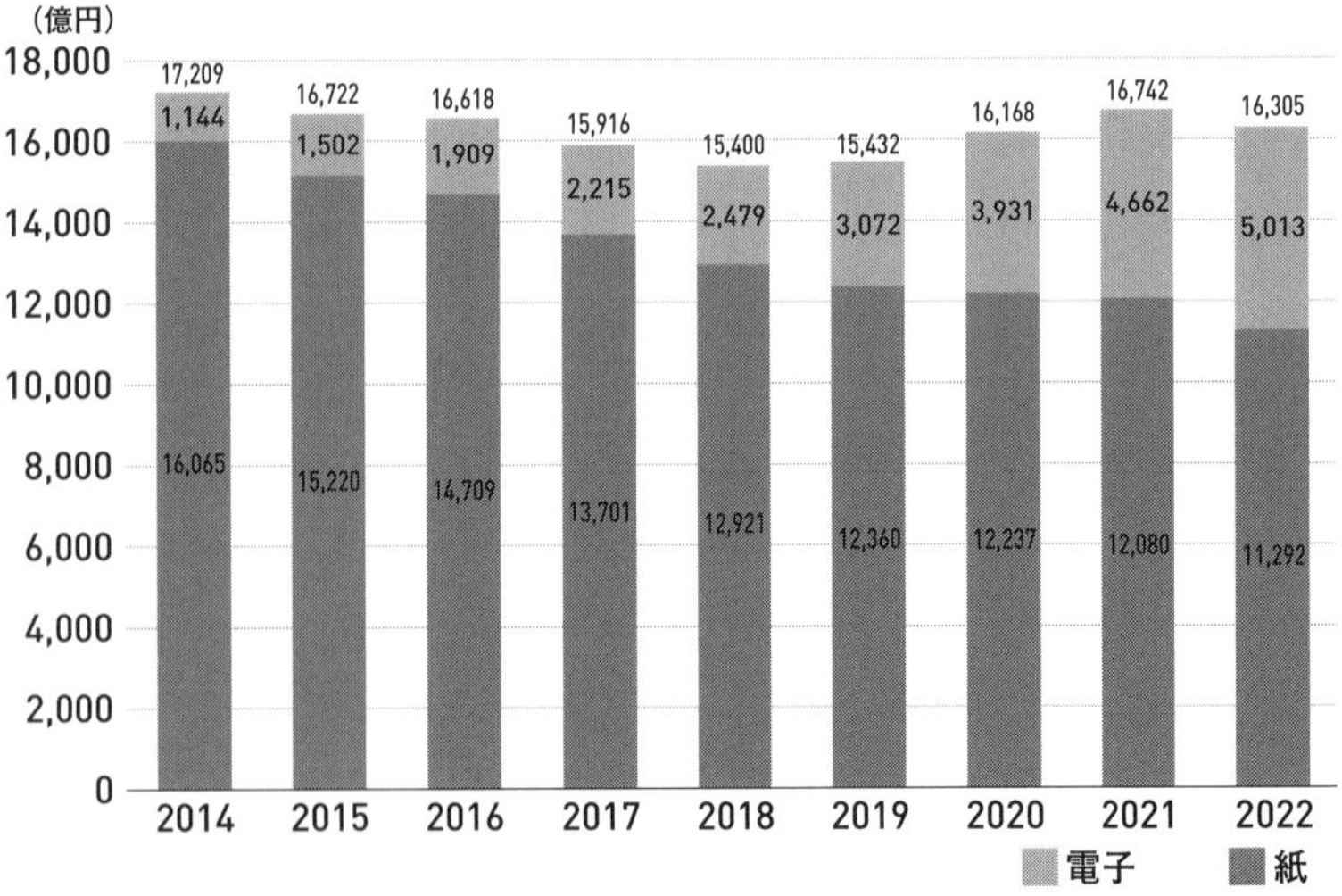

資料：出版指標 年報 2023 年版（公益財団法人 全国出版協会・出版科学研究所）

電子出版市場規模の推移

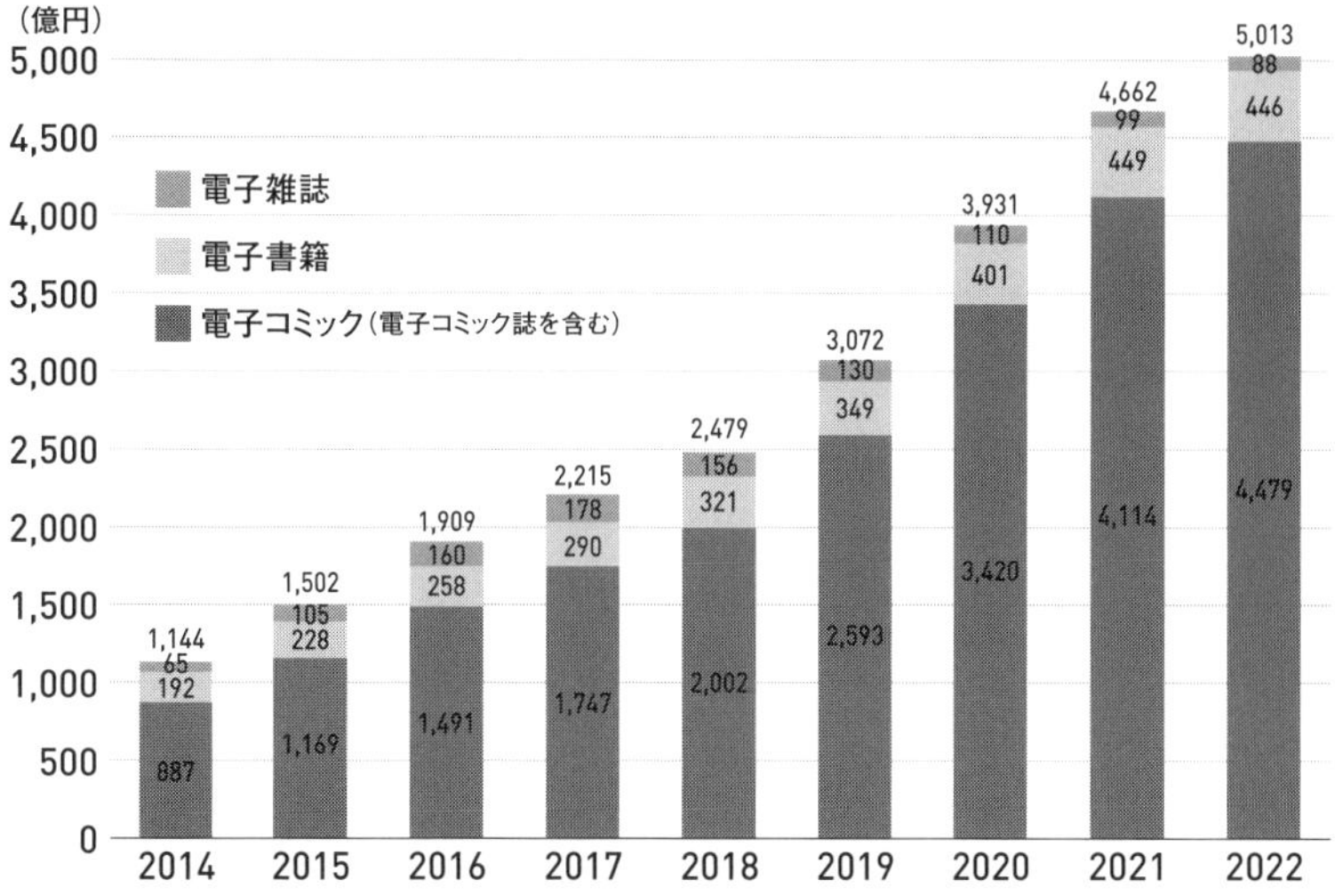

資料：出版指標 年報 2023 年版（公益財団法人 全国出版協会・出版科学研究所）

コミック市場推定販売金額の推移

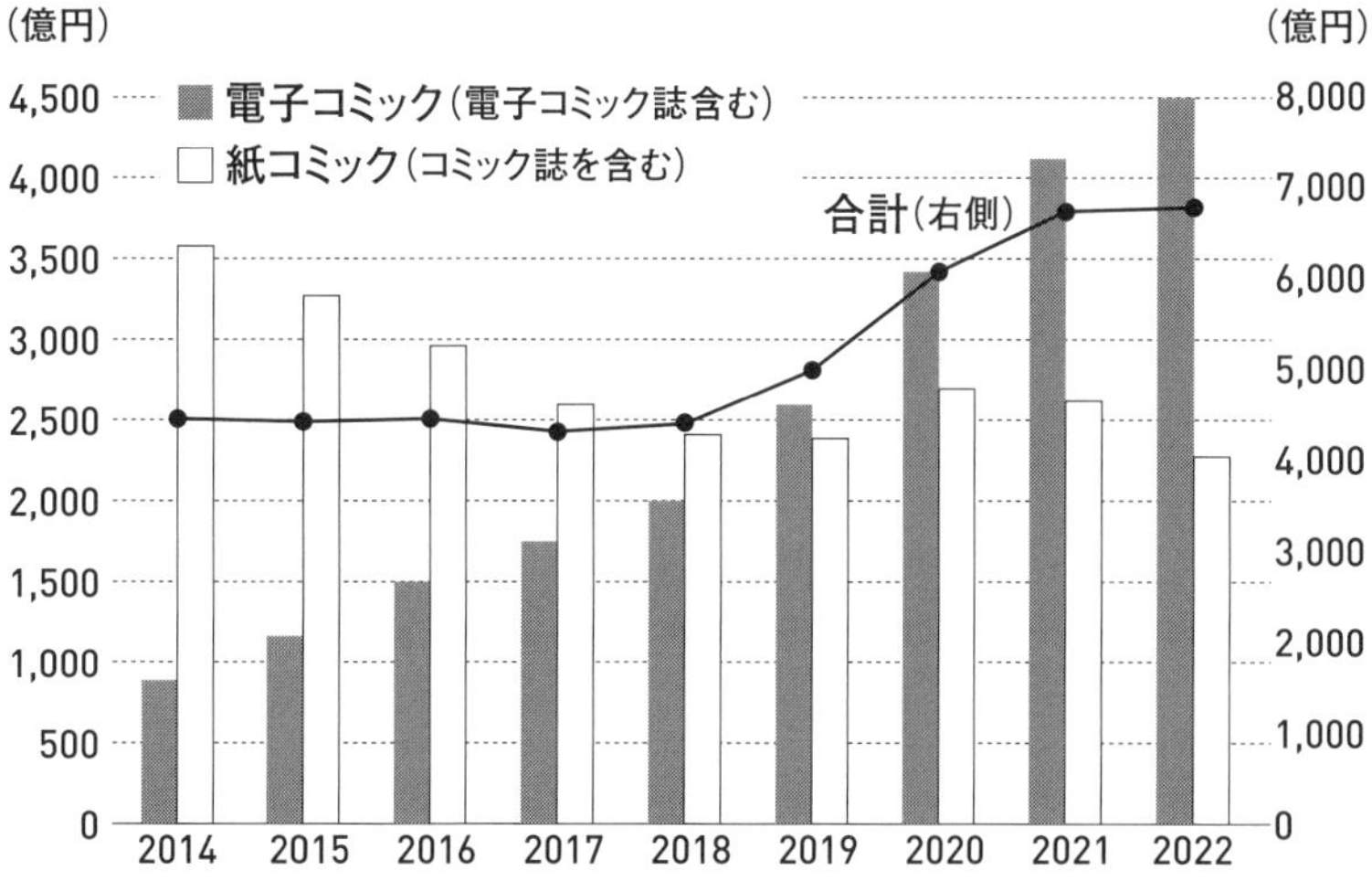

資料：出版指標 年報 2023 年版（公益財団法人 全国出版協会・出版科学研究所）

総書店数および書店面積の推移

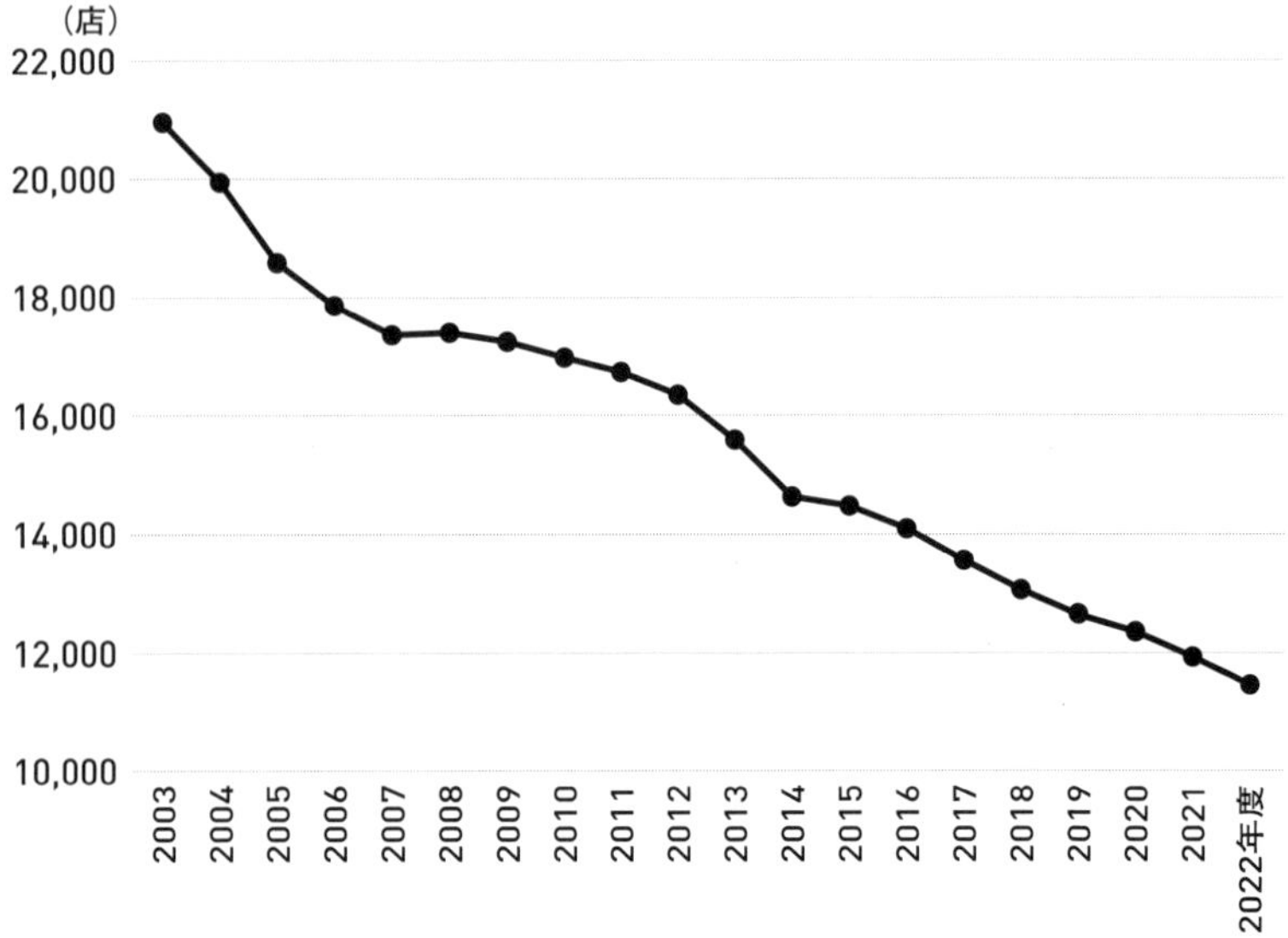

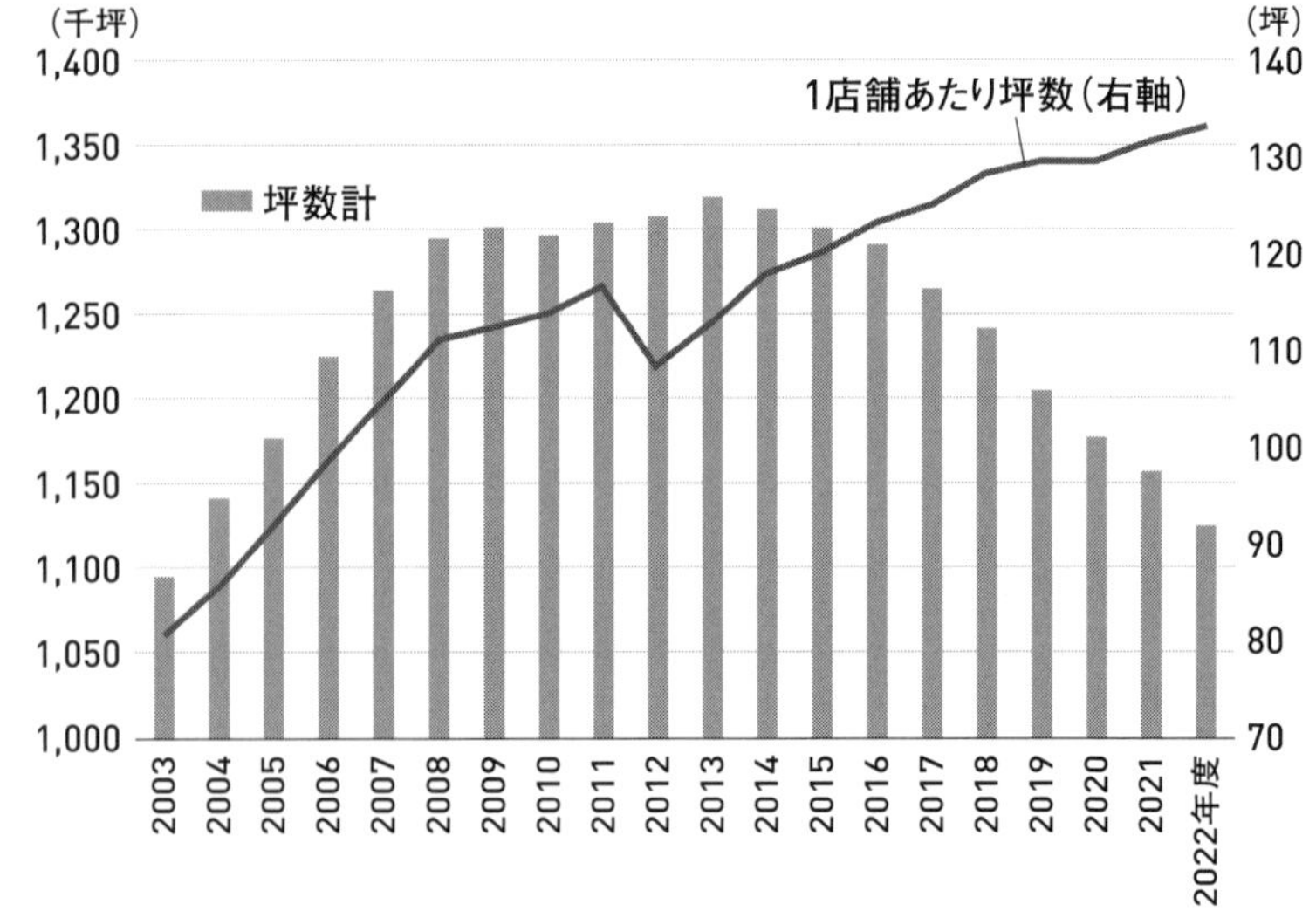

注１：坪数は、問い合わせ確認で判明している時点のもの。一部の店舗（複合店・売店など）では、書籍・雑誌・コミックス以外の売り場面積が含まれている場合がある。
注２：ここで集計している坪数は売り場面積を公表している店舗のみ。
資料：出版指標 年報 2023 年版（公益財団法人 全国出版協会・出版科学研究所）

1

準備をする

1 畢竟、社会不適合者が作家に向いている。

当たり前のことや正しいことだけを書いていてもお金をもらえる文章にはならない。

編集者や校正者が作家になれないのはそうした理由からだ。

作家は何よりも筋金入りの個性がなければならない。

私がこれまで出逢ってきた20年以上にわたって継続して活躍されている作家たちは、揃いも揃って個性的だった。

彼ら彼女らは奇を衒っていたわけではない。

本物の個性とは、隠そうとしても隠し切れず、つい滲み出てしまうものだ。

「こんなんじゃダメだ」「もっと周囲に溶け込まなくては」と悩み抜いて自己嫌悪に陥った経験のある人には、作家の才能がある。

不登校だった人、転職を繰り返している人、嫌われ者はぜひ作家になってその才能を存分に開花してもらいたい。

もちろん開き直って、「自分は社会不適合者だからすべて許されてしかるべきだ」とつけ上がってはいけないが。

とりあえずこれまで自分は浮いてしまう、ズレていると深刻に悩んできた人はそれも才能だということに気づいてもらいたい。

社会不適合者〝ならでは〟の苦悩や光の当て方を文章にしてみよう。

編集者の協力を得ればあなたの強烈な個性が売れる文章に化ける可能性がある。

言うまでもないが、社会不適合者が作家に向いていても、社会不適合者だから作家に必ずしもなれるというわけではない。

編集者と付き合えるだけの礼儀は必要だし、約束を守る習慣も欠かせないだろう。

2 「作家になるぞ！」と興奮して、つい勢いで会社を辞めない。

今はさすがに減ったと思うが、会社員時代に小説の新人賞を受賞したからと言って嬉々として会社を辞めてしまう人たちがいた。

インターネットで調べればわかると思うが、新人賞を受賞してもその受賞作が書籍化されるとは限らないし、仮に書籍化されてもそれが生涯の1冊でおしまいということは非常に多い。

きっと過半数がそうだろうし、今後その傾向は強まるだろう。

これは小説の世界以外も同じで、会社員時代にベストセラーを出したからと興奮して会社を辞めたらきっと後悔するはずだ。

本の印税なんてたかが知れており、奇跡的に10万部セラーを出せたとしても、印税は約1000万円程度にしかならない。

その程度の額だと多くの人にとって〝数年間の贅沢〟を味わえるお小遣い程度だし、会社員であり続ければ稼げただろう生涯賃金には程遠いはずだ。

もしそれ以降は（多くの作家たちがそうであるように）尻すぼみになってしまったら、あなたは貧乏作家として路頭に迷うこと必至である。

したがって、せっかく会社員として固定収入をもらっているのであれば、つい勢いで会社を辞めるべきではない。

私は会社員時代に3冊の自著を出してから退職届を出したが、それはその先無収入でも10年間分の生きるための蓄えが確保されていたのと、会社員時代のお客様が継続して私に仕事の依頼をしてくれることが口約束で決まっていたからである。

会社員時代の私は全業種業界を含めても同世代で上位1％に入るほどの年収をもらっていたと思うが、独立後わずか二日でその年収を超える契約をもらった。

以上は私がそれだけ慎重かつ臆病者だったという告白である。

年収は上位1％だったかもしれないが、臆病さでは上位0・01％に入っていたと思う。

今も私は兎のように臆病者だ。

あなたは私ほど臆病者ではないかもしれないが、安易に会社を辞めないほうがいい。

そして最後に肝に銘じておいてもらいたいことがある。

仮にあなたは兼業で作家を続けたとしても、出版社の編集者たちは専業であるという事実だけは忘れてはいけない。

自分は兼業だからというのを理由に無礼にも締め切りに遅れないことだ。

それでは専業の編集者たちに嫌われて干される。

そういう最低限の想像力は作家に不可欠だろう。

3 日常のすべてがネタだと考えると、赦せるようになる。

あなたは日々ストレスが溜まっているだろうか。

人によっては出社するたびに殺意を抱くほど腹を立てているかもしれない。

あるいは引き籠ってウジウジ悩んでいる人もいるだろう。

いずれも作家にとっては素晴らしい才能だ。

竹を割ったような性格の人や聖者のように徳の高い人は作家に向いていない。

放っておいたら犯罪をやらかしかねないけれど、かと言ってそれをやらかす行動力もない人、これが作家に向いている人である。

犯罪者と作家の違いは、行動で示すか文章で表現するかの違いだ。

もちろんあなたには作家として文章で表現してもらいたい。

小説家の中によくいるのは、昔の職場で大嫌いだった上司を作品中に登場させて酷い殺し方でやっつけるという人だ。

これは作家として素晴らしい。

あなたもぜひやるべきである。

日常のすべてがネタだと考えて生きるのが作家であり、文章で表現することによってそれらを一つひとつ赦すのだ。

私も本の中でどれだけ復讐したかわからないし、そもそものために作家になった。

最後に現代科学では解明できない作家たちの不思議な力について囁いておこう。

自分の作品の中で書いた内容の多くが現実化する。

これは実に不思議なことだが、多くの職業作家たちと秘密裡に会って打ち解けあうところいう話になり、全員激しく首肯するものだ。

4 つべこべ言わず、今いる場所で輝こう。

作家になるためにぜひやってもらいたいことは、今いる場所で輝くことだ。

ビジネス系の作家であれば社内№1では物足りず、最低でも業界内で名前が知れ渡っていなければ説得力がない。

私が最初に出したのは保険業界向けのビジネス書だったが、それを世に出す前年から複数の業界紙で一面顔写真入りの長期連載を担当していた。

私のせいで他社のアナリストや経営コンサルタントの連載が次々と打ち切りになり、同業他社から「うちに来ないか」というお誘いがよく届いたものだ。

この状態になってようやく、単なる会社員の分際で本を出させてもらえるのである。

もちろん私が長期連載を執筆し続けたのは出版を視野に入れていたからだ。

セールスの世界だと最低でも日本一、できれば世界一が望ましい。

なぜならセールスの世界は入口が容易であるために、せめて出口であっと驚くような業績を示しておかないと、読者がひれ伏さないからである。

入試や入社の難易度が低ければ低いほど、出口で高いレベルを求められるのだ。

反対に入試や入社の難易度が高ければ、それだけで読者はひれ伏す可能性が高まる。

小説家志望で会社員をやっている人も例外ではない。

今いる場所で輝こうとすればそれだけ深い経験や体験ができるし、職場の人間関係を通して存分に喜怒哀楽を味わえるからだ。

残業をして過労になれと言っているのではない。

別に残業ゼロで帰ってもいいのだが、せっかく寿命を削りながら働いているからには輝いたほうが断然お得だと言いたいのだ。

5 プライドの高いモブ男君やモブ子ちゃんは、小説家に向いている。

これまで何人かの小説家と出逢ったが、彼ら彼女らのデビューする前後を虚心坦懐に見てきた私の率直な感想を述べるとこうなる。

プライドの高いモブ男君やモブ子ちゃんが多かった。

誤解なきよう強調しておくが、これは断じて貶しているのではない。

プライドの高さとモブ（群衆、その他大勢の名もなき人々）は才能だと言いたいのだ。

これは真剣に小説家を目指している人であればあるほど真摯に受容できると思う。

そもそも放っておいてもモテモテの人やスポーツのできるナイスガイたちは、端から小説などまず書こうとしない。

もしモテモテの人やナイスガイたちが珍しく小説を書くことがあるとすれば、それは壁にぶつかって心が深く傷ついた経験者だからである。

モブ男君やモブ子ちゃんたちは最初から心が深く傷ついているのだから、もう小説を書くための必要条件が揃っているのだ。

惨めな青春を送りずっと現実と理想のギャップに打ちのめされながら、もう小説でも書いて妄想の世界に浸らないとやっていられないと、発狂寸前になって気がついたら書いてしまっているのが小説家になれる人である。

蕩けるような恋愛小説が書ける人は、蕩けるような恋愛経験者ではない。

蕩けるような恋愛をしている男女を常に傍観者として眺めているしか能のなかった、冴えないモブ男君かモブ子ちゃんなのである。

その迸るようなルサンチマン（弱者の強者に対する嫉妬、復讐心）こそ、小説家になるためには不可欠なのだ。

試しに売れっ子小説家たちの顔ぶれを100人ほどインターネットで検索してみよう。

90人以上がモブ男君とモブ子ちゃん出身のはずだ。

高過ぎるプライドは概して劣等感の裏返しで不健全なものだが、不健全さというのは小説家にとって貴重な能力である。

6 ナルシストかつ法螺吹きは、エッセイストに向いている。

エッセイストとは随筆家のことである。

随筆とは日常の出来事に自分の考えを付加したものだと考えればいい。

昔の随筆だと清少納言の『枕草子』、鴨長明の『方丈記』、吉田兼好の『徒然草』が有名だろう。

現在では小説家が随筆を書くことも多く、私の本にも「エッセイ」という文字が帯に印刷されて売られたことがある。

私自身は自分のことをエッセイストだとは思ったことはないが、そう考える人もいるということだ。

それはそれとして、エッセイストにはナルシシストが多い。

何を隠そう、私自身も筋金入りのナルシシストである。

それはそうだろう。

自分の感性は優れているとかイケていると思っていない人間は、わざわざ随筆なんて書かないし、ましてや世間に自分の作品を発表しようなどとは思わないはずだ。

さらにわざわざお金を払って読者に読んでもらえるような作品に仕上げるためには、多かれ少なかれ法螺を吹く必要がある。

ここが日常をそのまま書く日記と、そこに考えを付加する随筆の決定的な違いだ。

ちなみに嘘と法螺は違う。

嘘には真実が一切含まれていないが、法螺には真実が1％以上含まれている。

そういう意味では随筆は私小説に近いと言えよう。

もしあなたがナルシシストかつ法螺吹きと自認しているのであれば、それは才能だ。

ぜひエッセイストを視野に入れて文章力を磨いてもらいたい。

7 下衆の勘繰りをやめられない人は、ノンフィクション作家に向いている。

災害・戦争・事件の真相を追いかけて書籍化するのがノンフィクション作家だ。

これまで私が取引をしてきた出版社の多くがノンフィクションを扱っていた。

そのためぶっちゃけ話を耳にすることも多く、ノンフィクション作家に向いている人の特徴を挙げておこう。

一切の綺麗事を排除すると、下衆の勘繰りをやめられない人だ。

率直に申し上げて、いやらしくて執拗な人がノンフィクション作家に向いている。

言うまでもなくこれは貶しているのではない。

ノンフィクション作家に100％敬意を払ってありのままの真実を述べている。

一般に下衆の勘繰りは悪いことだと思われがちだが、それはあなたがプライベートでやらかした場合の話だ。

もしノンフィクション作家として下衆の勘繰りの能力を仕事で忌憚なく発揮すれば、お金だけではなく名誉も獲得できる。

ある出版社の編集長から聴いた話では、「正直、○○さんが被災地の人に取材で直接あそこまで失礼なことを訊くとは思いませんでしたよ。もし本が売れなければ、もうこれで縁を切ろうと思っていました」とこぼしていたが、ちゃんと10万部売れたのでめでたしめでたしだったのだろう。

そのノンフィクション作家を最近動画配信でお見かけしたがとても元気そうだった。

中には取材・調査費で赤字になってしまう凝り性の作家も多々いらっしゃるようで、その辺りの塩梅はプロとして求められることになる。

筋金入りの下衆の勘繰り好きはノンフィクション作家を視野に入れてみよう。

8 お節介な教えたがり屋さんは、生活実用書の著者に向いている。

生活実用書には美容・健康・料理系が多いと思うが、ミリオンセラーもある。

大企業とタイアップして出される本もあり、その場合の影響力は絶大だ。

メディアミックスをしてドカンと売る場合、著者がマスコミに頻繁に登場する。

だから生活実用書の著者には出たがり屋さんが向いているだろう。

それに加えて著者の根っこにお節介な教えたがり屋さんという性質がないと、きっとこの種の本は書けないし売れない。

もちろんここでお節介な教えたがり屋さんというのは決して貶しているのではなく、立派な才能として述べている。

もしあなたが出たがり屋さんでもなくお節介な教えたがり屋さんでもないとしよう。

その場合は、期間限定でそれらを演じる必要がある。

たとえば出版社と約束をして1年間限定でマスコミにも出演し、取材・インタビューに応じるというように。

この種の本は一度ミリオンセラーになれば自分のビジネスにも大きな影響を与える。

もちろんそれだけで一生安泰というわけではないが、ビジネスのステージアップには極めて有効だろう。

ちなみに私は生活実用書という名目ではなかったが、食事・筋トレ・睡眠・片づけについての本を出したことがある。

いずれも出版社からオファーがあったものばかりだ。

きっかけは編集者が私のブログを読んだことだった。

9 オーバードクターで〝無敵の人〟は、専門書の著者に向いている。

基本的に専門書は売れない。

ビジネス上それではいけないのだが如何せん市場が小さ過ぎるのだ。

たとえ専門書としてはいくら良書であっても、すぐ横からそのわかりやすい解説書や入門書が出版されれば売上はごっそり持って行かれる。

弱肉強食の世界とはそういうものだ。

20世紀までは大学で教授が学生たちに半強制的に専門書を購入させていたが、今ではネット書店を中心に中古本が出回っているためにさらに売れなくなってしまった。

私も学生時代に今のようなネット書店が出回っていれば、迷わず中古本を購入したに違いない。

とは言うものの専門書は内容にハズレがないのは認める。

それはそうだろう。

出版社が赤字を覚悟してまでその専門書を出すという決断をしたのは、売れなくてもこの世に残す価値があると認めたからに他ならない。

私もその種の出版はあっていいと思う。

その代わり著者にはそれ相応の資格が求められる。

この場合の資格とは、宅建や行政書士のことではなく「専門書を書く資格」である。

専門書を書く資格とは、博士号を取得していることだろう。

それも名誉博士号など寄付金で購入できるものではなく、きちんと博士論文が通った人物にその資格は与えられる。

とりわけオーバードクター（狭義には博士号を取得したのに無職の人）には、専門書を積極的に書いてもらいたい。

専門書に限らずその解説書や入門書でもいい。

オーバードクターとは換言すれば「学歴はあっても地位がない人」なのだから、要は〝無敵の人〟である。

もはやオーバードクターに失うものなどないのだから、専門家の証明である博士号を振りかざしながらあちこちの出版社にアプローチすべし。
私の身近にもオーバードクターの活躍に協力的な経営者がいらっしゃる。
世の中捨てたものではないから、どうか諦めないでもらいたい。

10

早慶旧帝大以上の入学者は、上流のビジネス書／自己啓発書作家に向いている。

ビジネス系出版社の社員たちが全員知っているけれど、誰も口にしない真実がある。作家の学歴、より厳密には「入学大学」で出す本の格が決まるということだ。作家に限らずこれまで学歴詐称がバレて永久追放された有名人が多いのを思い出せばそれはわかるはずだ。

学歴詐称をやらかすとまるで性犯罪者のように大バッシングされ、心底軽蔑される。換言すれば詐称者たちはそのくらい学歴の重要性を熟知していたということだ。

さて、本書は本音の書なので曖昧な表現や抽象的な表現は避けよう。

多少の例外はあるもののざっくり言うと、具体的には早慶旧帝大以上の入学者ならば上流のビジネス書／自己啓発書作家と見なされる。

旧帝大とは「旧帝国大学」の略であり、東京大学・京都大学・東北大学・九州大学・北海道大学・大阪大学・名古屋大学の7つの大学のことだ。

あなたの個人的な価値観は別として、国が「一流大学」と見なした大学群である。

ビジネス系の作家で上流と見なされるのは以上に加えて早稲田大学・慶應義塾大学・一橋大学・東京科学大学・神戸大学・お茶の水女子大学の入学者くらいだろうか。

大学院から早慶旧帝大以上に入る小賢しい〝学歴ロンダリング〟も流行っているが、もちろん学部時代の「入学大学」を厳重にチェックされるのが常識だ。

早慶旧帝大以上にはすべての医学部医学科が含まれると考えていいだろう。

上流とは主にエリート層に向けたものと考えてもらって差し支えない。

エリート層は少ないがよく本を読むし、お金を知恵に惜しみなく使うものだ。

だからそこに向けて出版するのは効率が良く、影響力のある人に告知してもらえれば爆発的に売れる可能性もないわけではない。

何も難しい話ではないだろう。

誰もが薄々感じてはいたけれど、口に出せなかっただけのことだ。

出版社の社員たちも取引先や読者に気遣って以上の本音はとても言えないわけだが、だからと言って我々は本音を無視するわけにはいかない。

世の中は建前を装いながらも、実際には本音に基づいて強かに動いているからだ。
ちなみにこれまた爆弾発言だが、上流のビジネス書/自己啓発書において入学大学は就職先よりも遥かに重要である。

「慶應↓三菱商事」よりも「東大↓丸紅」のほうが格上と見なされるし、「早稲田↓電通」よりも「東大↓ユーチューバー」や「京大↓ニート」のほうがずっと格上だ。

誰もが知るように就職というのはコネもあれば面接官の気分や好悪の影響が大きく、学歴はどんなに親がお金持ちでも本人に学力がなければクリアできないからだろう。

ついでに言っておくと「平均的な東証プライム上場企業のサラリーマン社長」よりも「理Ⅲ中退」のほうが桁違いに話題性もあるし本が売れる。

その証拠に私の元取引先の平凡な東証プライム上場企業のサラリーマン社長たちは、揃いも揃って自腹で自費出版や共同出版をして人生の幕を閉じていたものだ。

これもサラリーマン社長になるのは本人の実力以外による要素が大きいのに対して、大学入試は個体としての能力を極めて客観的に反映できているからだろう。

以上は私の感想でもなければ想像でもない。
本の売れ行きは人々の本音の集大成だ。

つまり上流の読者の出した本音の結論ということに他ならない。

もし幸運にもあなたが早慶旧帝大以上の入学者であれば、あとはただ破天荒な人生を歩むだけで上流のビジネス書／自己啓発書を出せる可能性が極めて高いのである。

ちなみに私の本の読者には早慶旧帝大以上の入学者と医師、次いでそれらに憧れるか近づくために日々挑戦している駅弁ＭＡＲＣＨ関関同立の入学者が多い。

11 早慶旧帝大未満の入学者は、中流のビジネス書／自己啓発書作家に向いている。

上流の反対は下流ではないかと思うかもしれないが、そもそも下流は本を読まないし読めない。

本を読むというのは日本国民の上位20％くらいの向学心の持ち主に限られた習慣だ。

したがって、ここでは上位20％の向学心の持ち主である中流について述べたい。

この中流層は早慶旧帝大未満の入学者が作家の本でもちゃんと読んでくれる。

むしろエリートの成功者よりも中卒や高卒の大富豪の話を好む傾向にあり、絶対数が多い分ベストセラーも出やすい。

換言すれば早慶旧帝大以上の入学者が書いた上流のビジネス書／自己啓発書よりも、早慶旧帝大未満の入学者が書いた中流のビジネス書／自己啓発書のほうが売れやすいということだ。

自己啓発書作家の中には以上をきちんと洞察しており、早慶旧帝大以上の入学者でも自分の学歴をあえて伏せて中流向けに売り込んで成功した人もいる。

自分は本来上流なのにあえてスピリチュアル系に身を置きながらポジションを下げ、幅広い読者層を取り込むことに成功してベストセラーを連発しているのだ。

この場合だと上流の読者層は激減して売れっ子作家の割に社会的地位は低くなるが、累計発行部数は増えやすいだろう。

地位を捨ててお金を取るという戦略はビジネスとしても王道だ。

これ以外にも旧帝大未満出身の歯科医師や早慶旧帝大未満出身の弁護士も上流からは相手にされないため、正々堂々と中流にターゲットを絞って稼いだほうがいい。

その種の作家は頑張っていても努力が空回りしていて実に痛々しいから、ぜひ自分はエリートではないと自覚したほうがいいだろう。

以上は私の感想でもなければ想像でもない。

努力が報われないのは、何かが大きくズレているということなのだ。

それが早慶旧帝大以上に入学できなかった理由であり、同じ過ちを無間地獄のように繰り返さないほうがいい。

勇気を出して自分は中流の作家だと割り切ろう。

そうすれば上流の作家たちよりも遥かに発行部数を稼げる可能性が高いのだ。

一切の綺麗事を排除すると、ビジネス書／自己啓発書というのは原則「頭のいい人」か「お金持ち」、あるいはその両方を兼ね備えた人が書いた本しか読まれない。

早慶旧帝大未満の入学者は潔く「お金持ち」一本で勝負して中流から支持されよう。

やっぱり仕事は売れなければ楽しくないからだ。

最後に愛情をたっぷり込めて強調しておこう。

早慶旧帝大未満の入学者が利口ぶると、おバカに見える。

「学歴と仕事は関係ない」「学歴社会は終わった」「大学なんて行かなくてもいい」といった発言が様になるのは早慶旧帝大以上の入学者だけであり、早慶旧帝大未満の入学者がこれと同じことをやらかすと惨め過ぎて切なくなってしまう。

あなたにだけはそんな醜態を晒してもらいたくない。

12 味のある絵が描けて礼儀もある人は、漫画家に向いている。

私の本の読者には現役漫画家たちもいるし、これまで実際に漫画家やその編集者とも会って話をしたことがある。

そうした経験を踏まえた上であくまでも傍観者として述べさせてもらうと、漫画家は必ずしも天才的に絵が上手でなければならないわけではないようだ。

もちろん上手いに越したことはないが、それ以上に味のある絵を描けることが大切だという。

大ベストセラーを出している漫画家の中には自分でも絵が下手なのを認めている方もいらっしゃるから、これはどうやら間違いなさそうだ。

では、どんな人が漫画家としてデビューしているのか。

あるいはその後も漫画家であり続けられるのか。

それは味のある絵を描けて礼儀もある人だ。

率直に申し上げて、漫画家を目指すような人は礼儀のない人が多い。もちろんこれは確率的にそうだという話だ。

漫画家を担当している編集者や漫画家を目指している人の中でも礼儀のある人なら、以上の事実に首肯するはずである。

ここで私は別に茶道を習えと言いたいわけではない。

挨拶をする・返事をする・口約束を守る・締め切りを守るといった、誰でも幼稚園の頃に公園の砂場で教わったことを思い出してもらいたいのだ。

漫画家に最大限の敬意を払った上であえて厳しいことを述べるが、漫画家よりも絵が上手い人はこの世にごまんといる。

さらに才能の溢れる新人漫画家が次々に登場するから、礼儀のない漫画家と編集者も仕事をする必要がないのだ。

10年や20年と漫画家を継続していられる人たちは、礼儀があるのだ。

読者を掴む絵、血沸き肉躍るようなストーリーは漫画家だけではなく編集者が一緒になって考えてくれる。

インターネットで調べればわかるように、漫画部門は超大手出版社の中でも選りすぐりのエリートたちが配属されており、彼ら彼女らが必死で知恵を絞ってくれるのだ。

売れっ子漫画家はまごうことなき勝ち組だが、漫画を世に出すという意味では一つの役割に過ぎない。

だから漫画家志望者たちは以下のことをどうか忘れないでもらいたいのだ。

漫画家は絵が上手くて当たり前だから、礼儀で差をつけろ。

きちんと挨拶ができて締め切りを死守するだけで上位1割に入るのだから。

13 自分がどう見られたいかではなく、他人からどう見られているかがすべて。

これは作家に限らずすべてのプロに当てはまることだが、自己の過大評価で自滅する人は多い。

ライバルの悪口ばかりを言いながら人生が終わってしまう人々のことだ。

あなたがお金をもらうプロを目指しているのではなく、お金を払うお客様を目指しているのであればそれでもいいだろう。

しかしもしあなたがお金をもらうプロの作家を目指しているのであれば、次のことを毎日強く意識してもらいたい。

自分がどう見られたいかではなく、他人からどう見られているかがすべてである。

自分の作品が一番だと思っても、他人から見たら駄作と思われたら駄作なのだ。

自分はエリートだと思っても、他人から見たら雑草と思われたら雑草なのだ。

自分は美しいと思っても、他人から見たら醜いと思われたら醜いのだ。

これまで愚痴・悪口・噂話で人生を埋め尽くしてきた甘ちゃんたちがそうした事実を受容するのは少々酷かもしれない。

だがプロになるというのは、批判する側から批判される側に引っ越すということだ。

多くの人たちがそうしているように、誰かの背中に隠れて批判する側でいたいのならそれも悪くない。

あなたの人生はあなたが決めればいいからだ。

反対にあなたがプロになる道を選べばその瞬間から評価される側になり、貫くべきは貫き通し、改めるべきは改めるべきだということである。

批判というのはこの世で一番言われたくない相手から言われることが多いし、皮肉なことにそれがしばしば的を射ているものだ。

その場合は批判を運んでくれたその相手を神の遣いだと見なし、内容だけを拝受して自分の血肉としよう。

その結果あなたが成功すればそれがそのまま批判した相手への復讐となる。

少なくとも私はこれまでそうやって生きてきたが、あなたはどう生きるだろうか。

14 大雑把でいいから、本気のサクセスストーリーを描いておく。

大切なのは本を出すことではなく本を出し続けることだろう。

そのためには緻密でなくてもいいから、大雑把にサクセスストーリーを描くことだ。

なぜ緻密でなくてもいいのかと言えば、まず計画通りには進まないからである。

たとえば「いつまでに何冊出したい！」という計画を立てたとしてもほぼ守れない。

だからその時点でやる気が失せてしまう。

小説の世界なら10年以内に新人賞を受賞しておきたいと大雑把にイメージを描いて、それなら5年後くらいから最終選考に残りかけてもいいだろうな、というのがいい。

私の場合は会社員時代にとりあえず1冊出し、10年後には100冊くらいは出せていたらいいな、それなら5年で50冊くらい出ていても不思議じゃないな、という感じだった。

それは「かくあるべし」「こうでなければならぬ」といった堅苦しいものではなく、とても大雑把で想像しているだけでワクワクできて心地良いものだ。

しかし決していい加減なものではなく、大雑把だからこそ本気のサクセスストーリーだった。

無理にでっち上げた夢というよりも、本当に自分の内奥から湧き出た根拠のない自信というのが近い。

「きっとこうしたい」ではなく、「きっとこうなる」と思えるもの。

「こうなったらいいな」ではなく、「こうなるのだろうな」と思えるもの。

作家になりたい人は誰でも本当はそういう想いが自分の中に眠っているはずだ。

それを作家らしく炙り出して言語化すればいい。

さらに言語化するだけではなく何度でもイメージしておこう。

今から告白することはすべて真実なので信じるか信じないかはあなたにお任せする。

私は現在港区南青山のタワーマンションに書斎を構えて14年目になるが、この生活のイメージは宮城県仙台市の大学時代から描けていた。

不動産会社に部屋を紹介された時、「嗚呼、懐かしい」と思っただけだ。

そこにはかねてから私がイメージしていた景色がそのまま目の前に広がっていた。

迷うことなく私は「ここだ！」と直感したのだ。

今では完璧な防音と快適な空間で思う存分に創作活動に没頭しているが、こんなにも思い通りになっていいのだろうかと思うことがある。

いくら何でも思い通りになり過ぎているから。

15 本名にするかペンネームにするかは、あなたが本心からやる気になるほうで。

すでに述べたように私は会社員時代から本を出していたために、ペンネームではなく本名で本を出した。

別に自分の名前が嫌いじゃなかったし、それ以上にわざわざペンネームを考えるのが面倒だったというのが正直なところだ。

より正確にはペンネームを考え始めたら私はかなり本気になってしまうので、執筆の妨げになると頭を過ったのである。

一度ペンネームを考えても、「やっぱりこうしよう」を繰り返しそうだったのだ。

作家であれば誰もがわかるように、本気で推敲しようと思えば一生やってしまう。

そういうとても凝り性なところが私には潜んでいるため、ペンネームの考案でそれを悪いほうに出したくなかった。

ただし特に小説家や漫画家にとってペンネームがとても大切だというのはわかるし、中には覆面で作品を発表したいという人もいる。

要はあなたが本心からやる気になるほうで勝負するのが正解だ。

本名を伏せることで大胆な自分を出せたり、本音を書くことができたりすればそれはそれで素晴らしいと思う。

反対に本名で勝負している人は個人が特定されやすいという欠点はあるものの、潔い作家だと思われるかもしれない。

とは言うものの私もいずれペンネームというのを使ってみたいという憧れはある。

本名でビジネス書を出しながらペンネームで小説を発表している人もいるし、複数のペンネームを使い分けながら様々なジャンルの本を出している人もいるようだ。

「名は体を表す」という言葉もあるように、名前によって人格すらも変えられるなら役者に近い人生を送れそうである。

せっかくこうして奇跡的に作家になれたのだから、ぜひ特権を使わせてもらおう。

16 作家の養成学校には、いつまでもちんたら通わない。

最初にお断りしておくが、私は作家の養成学校に通ったことはない。

その代わり作家の養成学校のゲスト講師に招かれたことはあるし、個別に主催者とも話したことならある。

さらに取引先の編集者たちからも作家の養成学校についての評判を聞くが、それらを総動員した私の感想を忖度なしでここに述べたい。

ずっと我流でやってきてあと一歩のところまで届いたという実感はあるのに、なぜか出版できないで苦悶している人はぜひお世話になるべきだ。

「あと一歩」という基準が人によって解釈が分かれると思うのだが、小説の世界だと新人賞で毎回最終選考止まり、ビジネス系だと企画は二度以上通過したけどその先でボツになったというレベルがそうだと私は考える。

その水準であれば養成学校の先生のアドバイスが一発で理解できるだろうし、すぐに自分の作品に活かせると思うからだ。

もちろんインターネットで慎重に評判をチェックして納得できる先生に教わろう。

具体的実績はもちろんのこと、きちんと自分の希望する内容を教えてもらえるのか、あるいは費用は後出しじゃんけんでぼったくられないかなどは調べておくべきだ。

そして最後に大切なアドバイスをするが、作家の養成学校にはいつまでもちんたらと通わないこと。

半年なら半年、1年なら1年と決めてそれを守ることが大切だ。

これもまた締め切りを守る訓練になる。

稀に大学受験予備校には何年も浪人を繰り返す〝主〟のような存在もいるが、それと同じ過ちを繰り返すべきではない。

負け犬同士で群がって仲良くなっても永遠に作家にはなれないのだから。

あなたも知るように、作家というのは途轍もなく孤独だ。

それは孤独に思索するからというだけではなく、勝者だから孤独なのである。

17 準備ばかりしていると、寿命が尽きる。

「独立準備中です」

会社勤めの経験者であれば誰もが一度は耳にしたことがあるだろう。

ひょっとしたら自分でも口にしたことがあるかもしれない。

ところがそう口にした連中の大半が実際には独立していないはずだ。

リストラされて辞めざるを得なかった連中は多かったと思うが。

作家にとってダントツで重要な準備とは実際に執筆することだ。

より正確にはとりあえず書き上げる癖をつけることである。

書き上げる習慣と言ってもいい。

これが職業作家には呼吸の如くできても作家志望者にはなかなかできないことだ。

昔だったら原稿用紙換算で２００枚以上、現在なら40文字×30行で70ページ以上の文章をシュパッと書き上げられなければプロではない。

一番多い現実逃避は読書だろう。

作家になるために読書をしているのだというのは言い訳の定番だが、それは準備ではなく単なる趣味である。

死ぬほど本を読むという趣味は作家を目指す前の10年間で終わらせておくべきだ。

いざ作家になったら本を読む時間は激減するが、それでも執筆の合間に息抜きとして読書をしてしまうのが職業作家というものである。

だから職業作家たちはいちいち読書自慢などしないのだ。

あれこれ読書自慢をしているのは、いつの時代も永遠に孵化しない作家の卵たちだと相場は決まっている。

こっそりと読書をしたら、また執筆しよう。

作家の養成学校から帰ったら、執筆しよう。

今日は久しぶりに会社を休めたというのなら、執筆しよう。

大失恋したら、執筆しよう。

離婚したら、執筆しよう。

死にたくなったら、執筆しよう。
それが作家になるということなのだから。

畢竟、準備とは覚悟だ。
覚悟とは事実を受容する勇気である。

2

執筆する

設計編

18

第1作目に、すべてを籠めろ。

「作家は第1作目を超えられない」

使い古された言葉だが、それは本当だろうか。

概して本当だと思う。

より正確にはデビュー作にその作家のすべてが籠められており、文章のスキル自体はその後どんどん成長していくことが多い。

私も第1作目に自分のすべてを籠めたし、これまで出逢った編集者からも異口同音に「あの頃から千田さんはやっぱり千田さんだったのですね」と言われたものだ。

今振り返ってもよくあれほどの本が書けたと思う。

もしタイムマシンがあったらあの頃の自分に戻って褒めてあげたいくらいだ。

その後それ以上に売れた本はたくさんあったが、私の原点はあの第1作目にあったのは間違いない。

これまで私がやってきたことは、ひたすらあの第1作目の因数分解だったのである。

中谷彰宏氏の第1作目『農耕派サラリーマンVS.狩猟派サラリーマン』にもその後出る1100冊のすべてが詰まっていた。

あの本は爆発寸前の怨念が詰まっている作家の退職届だったのだ。

村上春樹氏の第1作目『風の歌を聴け』にも〝村上ワールド〟がすべて詰まっていた。

あの本はかび臭い文学の世界に殴り込みをかけた作家の火炎瓶だったのだ。

あなたも第1作目にすべてを籠めてもらいたい。

第1作目にすべてを籠めたら次が書けないという心配は無用だ。

実際には第1作目にすべてを籠めたからこそ次が書きたくなるのである。

それはあなたが第1作目にすべてを籠めればわかることをお約束しよう。

19 建前は読者のため、本音は編集者のため。

作家は誰のために本を書くのか。

少々危険な発言になるかもしれないが、職業作家であれば全員首肯する事実をここで囁いておこう。

建前として読者のために作家は本を書いている。

これは正論であり反論の余地はない。

だが本音は違う。

作家の本音は編集者のために、ひいては出版社のために本を書いている。

なぜならお金の流れがそうなっているからだ。

商業出版で本を出すにはトータルでおよそ300万円かかると考えていい。

これは印刷・製本の特性から、初版部数が3000部でも5000部でも同じくらいだ。

初版1000部とか数万部以上ということになればさすがに上か下にズレるが。

自費出版を考えたことがある人ならわかると思うが、そこそこお洒落な本を500部とか1000部印刷するだけでも軽く100万円を超えるだろう。

それにプロの編集者や校正者、さらにデザイナーや書店営業担当などのオプションが大量につくのだから、1冊の商業出版につき300万円かかるというのが大袈裟ではないことをご理解いただけるはずだ。

だから本のタイトルや帯のコピーの決定権は出版社側にある。

作家は本を作るための業者の一つに過ぎず、役割分担としては歯車なのだ。

だから作家は読者よりも先に原稿を読むことになる編集者を喜ばせる必要がある。

編集者が「これではとても本にできない」「つまらない」と判断したら、その原稿は世に出ずに終わるのだから仕方がない。

私も編集者のためにこれまで本を書いてきたし、結果としてそれが一番読者のためになると考えている。

編集者は編集者で300万円の投資を回収しなければ出世できないし会社も倒産する

から必死なのだ。

賢明なあなたであればもうお気づきだろう。

一切の綺麗事を排除すると、編集者にとって最高の原稿とは面白い原稿でもなければ世のため人のためになる原稿でもない。

売れる原稿こそが編集者にとって最高の原稿なのである。

それ以外の原稿はどれだけ面白くて役に立ってもゴミ未満の価値なのだ。

以上はビジネス系の作家よりもむしろ小説家や漫画家こそが肝に銘じるべきだろう。

20

たった一人、あなたの最愛の人に向けて書くといい。

売れる本を書かなくてはならないからと言って、文章がギスギスしてはならない。

どんな本でも色気が必要だし、できれば瑞々しさもあるといいだろう。

結果としてそれが売れる本になる可能性が高いからだ。

どうすればそんな文章が書けるのか。

それはあなたの最愛の人に向けて書くのだ。

最愛の人が読んでくれる場合を想定して書くと、それが一番セクシーな文章になる。

たとえば村上春樹氏の「納屋を焼く」という短編小説の中で、既婚者の主人公の家に愛人が彼氏を連れて遊びに来るシーンがあるのだが、二人が到着するまでに主人公はシャワーを浴びたあとで耳掃除をしたのだ。

私はこの「耳掃除」というのがとてもお洒落だと思った。

「鼻掃除」では色気がないが、「耳掃除」というのがセクシーなのだ。

かつて私が交際したある女性から、「いきなり挿入するのではなく、耳掃除のように最初はゆっくりと挿入するといいよ」と厳重注意を受けたのを彷彿させる。

このように作家というのは何気ない文章に無限の宇宙を籠められるものだ。

さすが世界の村上春樹である。

こうしたセクシーな文章は最愛の人に読んでもらう前提だからこそ生まれるのだ。

ちなみに村上氏の最初の読者は編集者ではなく奥さんらしいが。

とても危険な発言をするが、実は奥さんが最愛ではないという人がいたら奥さんではダメだ。

ちゃんと最愛の人を思い浮かべて書かなければセクシーな文章は生まれない。

想像の世界なのだから愛人でもいいしかつて愛した誰かでもいいから、嘘偽りのない最愛の人に向けて書くべきである。

21 書きたいことではなく、書く資格のあることを書く。

ここでは特にビジネス系の作家になりたい人が肝に銘じるべきことをお伝えしよう。

出版社の編集者たちが内心思っているが、なかなか口に出しては言えない真実だ。

それは「文章は上手いけど、あなたはこの本を書く資格がない」という作家志望者がわんさといるということである。

毎日全国のそうした人たちからガンガン一方的に企画や原稿が送られてくるのだ。

編集者は一般に読書家だが口下手な人が多い。

だから面と向かって厳しいことを言うのがとても苦手である。

本当は「あなた程度がこれを語っては痛々しいだけですよ。全米が爆笑の渦ですよ」と内心思っていても言えないから、「〇〇さんと共著にしませんか？」「戦略ではなく営業の本にしませんか？」と提案してくるのだ。

それぞれ翻訳するとこうなる。

「○○さんと共著にしませんか？」→「ピンで勝負するのは10年早いですよ」

「戦略ではなく営業の本にしませんか？」→「あなたの経歴には知性を感じません」

概して編集者のそうした判断は正しい。

もし本気でビジネス系の作家になりたければ、書く資格のあることだけを書こう。

自信がなければ細分化してかけ算で勝負すればいい。

たとえばトータルではトップではないけどAという分野だけではトップであり、さらに昔ミス○○に輝いた容姿の持ち主だというのなら希少価値がグンとアップする。

その場合まだ＋αが必要になるだろうが、本のカバーに顔写真や全身の姿を披露してトップセールスを謳った本を出せるかもしれない。

何かで100万人中1番を獲得するのは途轍もなく難しいが100人中1番の分野を三つだけ獲得するのであれば一気に難易度が下がるだろう。

「学校で一番歌が上手い」というだけなら、フーンでおしまい。

「学校で一番モテる」というだけなら、へーでおしまい。

「早稲田政経合格」というだけなら、「東大に受かった人もいるよ」でおしまい。

ところが「学校で一番歌が上手い」×「学校で一番モテる」×「早稲田政経合格」になると、一気に万能な人になる。

歌手やモデルや学者にはなれないかもしれないが、芸能人やユーチューバーとしては活躍できるかもしれない。

あなたもわかりやすい才能が見つからないのであれば、細分化してかけ算をしながら価値を上げよう。

医師や学者でもある小説家たちが描写をするともうそれだけで説得力は全然違うが、やはり「書く資格があるか否か」というのはすべての作家にとって問われるのだ。

22 「です・ます調」でもいいから、ちゃんと言い切る。

本を書くということはちゃんと言い切るということだ。

「AかもしれないしBかもしれない。みんなそれぞれ正しい」では、何も書いていないのと同じである。

読者は作家の勇気にお金を払っているのだ。

たとえ間違ってもいいから言い切ってもらいたい。

「ぶっちゃけ、学歴は大事だよね」と言えば批判が殺到するのは目に見えているが、必ず陰で支持者も生まれる。

「ここだけの話、就職って面接官の趣味で決まるよね」と言えばこれまた賛否両論が飛び交うだろうが、熱烈なファンも登場する。

「だ・である調」でなくてもいい。

「です・ます調」でいいから、ちゃんと言い切ろう。

そうすることで読者が確実に増えるから、巡り巡って本が売れるというわけである。

すべてのベストセラーには酷評レビューが漏れなく付いてくるし、激しい憎悪の念が付き纏う。

それだけあなたの文章が人の心を動かす力があるという証拠だ。

その程度であなたは怯むべきではない。

大御所の作家の中には過去に発禁処分を食らっている人も多いし、裁判沙汰になった人も珍しくないのだ。

私も発禁処分を食らったことがあり、それはちょうど私のスタイルを確立した直後のことだった。

私のミッションは「～タブーへの挑戦で、次代を創る～」だが、これからもそれはずっと変わらない。

翻って、あなたにはあなたのミッションがあるはずだ。

どんなミッションでも構わないが、プロとしてちゃんと言い切る姿勢だけは崩さないでもらいたい。

知恵と勇気のある場所には批判や罵詈雑言と共に必ず素敵な人たちが集うものだ。
どうかそれを信じて自分を貫いてもらいたい。
あなたが言い切るから、ファンができるのだ。
あなたが言い切るから、そこに人とお金が集まるのだ。

23 この世のすべてはパクりだから、せめてオリジナルを超えるように挑め。

月並みな話だが、劇作家の世界だとシェイクスピアが、作曲家の世界だとハイドン、モーツァルト、ベートーヴェンがすべてを出し尽くしたという話はよく聞く。

自己啓発の世界だとデール・カーネギーがオリジナルだと考える人は多いだろうが、私にとってはエッカーマンの『ゲーテとの対話』が最高峰だ。

それより遡ると西洋や東洋の哲学者たちの名言も自己啓発と解釈できる。

要は、この世のすべてはパクりなのだ。

このことはいくら強調しても足りないくらいである。

もし作家の中に「私がオリジナルだからパクるなよ！」と叫ぶ人がいたら、お気の毒な耄碌した老害だと考えていい。

すべての作家は先人の知恵を自分の脳というフィルターを通してアレンジし、それを発表しているだけである。

天才物理学者のアインシュタインだって例外ではなかった。アインシュタインよりも前の科学者たちが研究を進めておいてくれたおかげで、彼は数々の理論を発表できたのである。

それは彼自身も告白していることだ。

私自身の作品もすべては先人のパクりであり、自分でゼロから新しく考えたアイデアなど何一つ存在しない。

以上を踏まえた上で肝に銘じてもらいたいことがある。

せめてオリジナルを超えるように挑めということだ。

オリジナルをパクらせてもらった相手に対する唯一の恩返しとは、そのオリジナルを超えようとした痕跡を残すことである。

これ以外はすべて盗作と見なされても仕方がない。

インターネットなどでちょっと有名になってすぐに消える流行作家たちの共通点は、オリジナルを盗作してそのまま勝ち逃げしようとした連中だ。

それでは熱烈な読者がまるで顕微鏡のように細部まで厳しくチェックしているから、法的措置を取るまでもなく自然淘汰されてしまう。

私のところにもこれまで無数の読者や出版関係者から「またパクられていましたよ」というメールが写真付きで届けられたものだが、その種の作家たちは例外なくすぐに消えてしまった。

それどころかその種の作家の本を出した出版社も倒産している。

具体的にどうすればいいのかは、シェイクスピアに続いた作家たちやモーツァルトに続いた作曲家たちから学べばいい。

一つ言えるのは、パクらせてもらった相手よりも売れたらそれは超えようと挑戦した証になるということだ。

そして将来インタビューの席で「今の私があるのは〇〇さんのおかげです」とお礼を述べればいいのである。

24 ミリオンセラーは、四面楚歌の修羅場から生まれる。

ミリオンセラーを出したことのある編集者や出版社の社長のぶっちゃけ話を聞くと、こんな共通点が浮き彫りになってくる。

出版会議では四面楚歌だったということだ。

「こんな下品な表紙で売れるはずがない！」

「まるでポルノじゃないか！」

「出版を何だと思っているのだ！」

そうした怒号や嘲笑に囲まれながらも編集者が編集長を言いくるめ、クビを覚悟して会議で貫き通した本がミリオンセラーになる。

もっと具体的な話をしよう。

5万部と10万部は出版社の覚悟の違いだが、10万部以上は神のみぞ知ると言われる。

つまり10万部を超えたところからは20万部までなのか、50万部までなのか、はたまた100万部突破するのかは誰にもわからないということだ。

どんな有名人に宣伝してもらっても、映画化されても、それがミリオンセラーになるとは限らないのである。

もちろん結果論として評論家の類がもっともらしい解説をすることはあるが、それはあくまでも結果論に過ぎない。

だからこそ出版は奥が深いし面白いのだ。

私は会社員時代にそれを嫌というほど教わってきたから、数の暴力で捻じ伏せられる四面楚歌状態こそ人生を変えるチャンスだと知っていた。

作家を目指すような人には良くも悪くも少数派の変人が多いだろう。

だから四面楚歌の状態に身を置きやすいはずだが、安易に屈するべきではない。

あなたの直感が「貫け！」と叫んでいるのなら、貫くことだ。

いつも貫く必要はない。

そんなことをすれば取引先をすべて失いかねないから。

あなたの魂がそう叫んでいる時だけは頑として譲らず、作家として貫けばいい。

私の一番売れた本と二番目に売れた本はいずれも私から出版社に応募した作品だ。
企画が通ったあとも貫いて、貫いて、貫き通した。
「これで売れなかったら俺はこのまま終わる」と知っていたからである。
私はまだミリオンセラーを出していないが、これからも狙い続けるだろう。
あなたも作家になるからにはミリオンセラーを目指してもらいたい。

25 ベストセラーの真似をしても、ベストセラーの超劣化版で終わる。

あなたも読者として書店巡りをした際に気づくと思うが、1冊のベストセラーが出るとすぐに何十冊もの〝猿真似本〟が陳列されるだろう。

「あんなことをして出版社や作家は恥ずかしくないのか」と思うだろうが、それでも新しい企画で挑戦するよりベストセラーの猿真似をしたほうが売れるのだ。

出版社は売れるためなら犯罪行為以外は何でもすると考えていい。

出版社の経営としてはそうした戦略は間違ってはいないが、作家としては猿真似本で売れても実績にはならないと知ろう。

なぜなら最初にベストセラーとして有名になった作家だけが業界の中で記憶に残り、それ以外はその他大勢扱いされて記憶に残らないからである。

他の出版社からは「あなただから売れたわけではありませんよ。あのベストセラーをパくったから売れただけでしょ?」と笑われていると気づこう。

もう時効だから言うが、十数年前に20代向けの本で私が売れた頃に同じく20代向けの本がわんさと出された。

その大半が子どもの写真入りの表紙と、どでかい文字で印字された本だった。

要は私の猿真似本だ。

今ではそうした作家はせいぜい数人を残してすべて消滅してしまったが、その理由は簡単である。

子どもの写真入りの表紙はあの時斬新だったから当たったのであり、どでかい文字は本当に言葉の力がある作家のものではないと単にバカ丸出しでおしまいなのだ。

一般に文字というのは小さければ小さいほど賢く見え、大きければ大きいほどおバカに見える。

この特性を知らずに単に私の猿真似をしただけでは真正のバカだと認知されるのだ。

私は会社員時代から死ぬほどコピーを書いて、それらをすべて売上で測定してきた。

死ぬほど、だ。

まだ1冊も本を出していない頃から即興でサラッと書いたコピーを読んだ出版関係者や

ライターたちから絶句されてきた。

自称出版プロデューサーの上司からは激しく嫉妬されもした。

あなたに敬意を払って本当のことを告白するが、私は誰に教わるまでもなく最初から放っておいても評価され続けていたのだ。

そうした私のコピー力と(少なくともバカじゃないことがわかる)経歴があってこそ、どでかい文字が効果を発揮するのである。

だからできれば最初だけはベストセラーの真似をしないほうがいい。

ベストセラーの超劣化版で終わって嘲笑の的になるだけだから。

ただし例外としてそのベストセラーを確実に超える自信があるのであればやってみる価値はある。

私も20万部セラーを出す前からすでに「20代向けの本」は巷に溢れていたが、一点の曇りもなく「俺の言葉の力なら楽勝」と直感したから「20代向けの本」に挑んだ。

これは傲慢でも何でもなく事実である。

実際その通りになったし。

26 仮タイトルが決まったら、執筆は51％終了したも同然。

本の書き方は人それぞれだし、これが正解というものはない。

だからここでは私と私よりも売れている某作家がたまたま同じ書き方をしていたのでそれを披露しよう。

私は必ず仮タイトルを最初に考える。

それも相当な時間をかけて、ヘトヘトになるまで考え抜いて、早く本文を書きたいと思えるまで考えるのだ。

その日に決まらなければ睡眠を何度も入れて絶対に妥協しない。

寝起きも寝入り端も食事中もシャワーを浴びながらでも脳に微電流を走らせておく。

考え抜いた末に「これだ！」という仮タイトルが浮かぶと、書きたくて、書きたくて、居ても立っても居られなくなる。

仮タイトルが決まった時点で執筆は51％終了したも同然だと思っているくらいだ。

つまり私の中では仮タイトルの決定で執筆の半分以上が終了している。

たまに仮タイトルを最後に決める人がいるが、私にはそれが理解できない。

それで売れる本が作れるのならそれでいいと思うが、素直に凄い人だなと尊敬する。

もちろん仮タイトルは執筆中だろうが執筆を終えてからだろうが出版直前だろうが、その都度変更されてもいいし、されなくてもいい。

編集者に変更されても私としてはやり切ったのだから微塵も腹が立たないのだ。

私には仮タイトルを決めていないままでは執筆ができないというだけである。

ひょっとして私はこれまでずっと本を書くふりをしながら、本当は本の仮タイトルを決めていたのかもしれない。

そのくらい私にとって仮タイトルの決定は最優先項目なのだ。

27 プロローグは、ラブレター。

仮タイトルの次に私が書くのはプロローグである。

第1作目から私はプロローグには特に力を入れてきたが、それはプロローグが読者へのラブレターだと考えていたからだ。

今でもこの考えは変わっていない。

これまで私が読んできた本を思い出してみても、プロローグが面白かった本は本文も面白かったし、プロローグが面白くなかった本は本文も面白くなかった。

これには例外がなかったのだ。

だから私が将来めでたく本を書くことになったら、プロローグを面白く書けなければもはやプロではないと思ったわけである。

それはそうだろう。

読者はお金を払って寿命を削りながらこれから私の書いた本を読んでくださるのに、プロローグがつまらなかったら殺人と同じではないか。

少なくともプロローグをつまらなくする理由はこの宇宙に一つも存在しないはずだ。

極論するとタイトルと表紙で本を手に取ってもらい、パッと開いてプロローグだけを立ち読みして購入を決定してもらうのが最高の本である。

実際にはそうなってはいないかもしれないが、少なくとも私はそうイメージしながら本を書いているということだ。

少し前に読者から「千田さんの本をプロローグだけ印刷して読むのが私の趣味です」というファンレターをもらったことがある。

思わずハグしたくなった。

プロローグは、ラブレターなのだ。

28 本文デザインの配置を想像しながら書くと、それが内容に反映される。

あなたには好きな本があるだろう。
あなたが本を書く時にもきっとその好きな本を想像しながら書くはずだ。
私もそうしてきたし、これからもそうだと思う。
好きな本は本文もさることながら本文デザインの配置も素晴らしい。
そういうものだ。
私は本文デザインまで鮮明に想像しながら今もこうして書いている。
すると確実にそれがそのまま内容に反映されるのだ。
クールな本文デザインを想像すると、内容もクールになる。
リラックスした本文デザインを想像すると、内容もリラックスしたものになる。
男性的な本文デザインを想像すると、内容もテストステロンに満ちたものになる。

女性的な本文デザインを想像すると、内容もエストロゲンに満ちたものになる。

本当にデザインは奥が深い。

かと言って自分が想像している本文デザインを編集者に希望として押しつけることはこれまでしたことは一度もないし、これからもないだろう。

実際に私の希望は何も伝えないほうが素敵な本が完成するからだ。

最後にこれはデザインというほどではないが、職業作家であれば誰でもできることがあるのでお伝えしておこう。

仮に400文字なら400文字、800文字なら800文字という制限を設けられたら、ちょうどそこでバチッと無理なく書き終えられるし、美しい改行で書き上げることもできる。

少なくとも自分の執筆時に人名が分断されて改行されることはないし、狙ったようにキリが良く改行されているものだ。それは強烈に意識しているというわけではないのだが、自然に指先がそうなるように動くというのが現実に近いだろうか。

いずれにせよ左脳だけではなくそうした右脳的な要素も作家の文章には影響しているのではないかと思う次第である。

ぜひあなたも自分が美しいと思えるデザインを想像しながら作品を仕上げて欲しい。

29
タイトル＋見出し＝99%、本文＝1%が、プロのエネルギー配分だ。

仮タイトルの重要性はすでに述べたとおりだが、見出しも命だ。

特にビジネス系についてはそれが言える。

見出しとは目次のことであり、極論すると目次を読んだだけでその本の本質をすべて掴めるというのが理想だ。

忙しい人には見出しだけ読んでもらえば要点が掴める状態にしておこう。

現代人は情報に埋もれているから可処分所得ならぬ可処分時間が激減している。

あちこちでエンタメが溢れているために、メーカー各社は消費者の時間の奪い合いになっているのだ。

我々はいつでも手元の端末でオンデマンドの映画や音楽や漫画やゲームを楽しめる。

その中であなたの書いた本をわざわざ読んでもらえるようにならないといけない。

しかもランチ代に匹敵するほどのお金を払ってもらって、である。

つまり職業作家になるということは作家同士の競争に勝つだけではダメなのだ。映画や音楽やゲームなどすべてのエンタメがあなたのライバルになるという事実を、この先もずっと忘れるわけにはいかないだろう。

そう考えるとこれまで見えなかったものが見えてくるはずだ。

とにかく読者の時間を奪わないように、目次の見出しにざっと目を通しただけで本の素晴らしさが伝わらないといけない。

ここでケチって出し惜しみなんかしていると、映画や音楽やゲームにサッとお客様を奪われてしまう。

だからタイトル＋見出し＝99％がプロのエネルギー配分だと知ってもらいたい。

本文はせいぜい1％だ。

もちろんこれは本文で力を抜けということではない。

本文をしっかり書くのは職業作家として呼吸の如く当然のことだ。

私がここでお伝えしたいのは、本文を書くためにあなたの100％を出し切るとするならタイトル＋見出しでは10000％出し切らないといけないということである。

そんなことができるわけがないとあなたは思うかもしれない。

しかしやればできるものだ。

タイトル＋見出しで1000％出し切れた人は、流すように本文を書き上げられる。

タイトル＋見出しで知恵を絞りに絞った分、あとは指先がキーボードに触れるだけで文章が溢れてくるだろう。

それが職業作家というものであり、最低限の資質なのだ。

もし練りに練ったタイトル＋見出しを前にしても何も思い浮かばなければ、あなたは職業作家にはなれない。

それは完璧なチャンスと環境を与えられたにもかかわらず、プロスポーツ選手が結果を出せないのと同じである。

少々厳しいことを述べてきたが、放っておいてもつい書いてしまうのが作家なのだ。

ここでやり切れなかったら、
ゲームオーバー。
ここでやり切れた人にだけ、次がある。

3

執筆する

原稿執筆編

30 まず、「自分と似たタイプの作家」になり切って書く。

作家になりたいということは、きっと贔屓の作家もいるはずだ。

贔屓の作家がいないとか、これまで本を読んで一度も感動したり衝撃を受けたりした経験のない人には、そもそも本なんて書けない。

もちろん金に物を言わせてゴーストライターを雇い、自費出版なのにベストセラーを捏造するような人はこの限りではないが。

王道で職業作家を目指すのであれば贔屓の作家の中でも「自分と似たタイプの作家」になり切って書いてみよう。

容姿が似ていたり学歴や経歴が似ていたりすればどこか親近感が湧くはずだ。

その親近感を大切にしてその人になり切って書いてみよう。

小説を読んでいれば誰でもわかると思うが、モテモテの男性作家と非モテ男性作家が書いた作品はまるで違うはずだ。

高学歴エリートとそうでない人の書いた作品も違うだろうし、美人とそうでない人が書いた作品も何かが明らかに違う。

あなたがどれに当てはまるのかは私にはわからないが、少なくともないものねだりをしないでもらいたい。

すべてはあなたが職業作家になるためである。

自分と似たタイプの作家を模倣することで、その作家を通してあなたの長所と短所が浮き彫りになるはずだ。

自分を知るためには他者を通して知るほうがいい。

自分の背中を直接自分の肉眼では見えないが、他者の背中であればいくらでも見えるだろう。

31 次に、「自分と似ていないけど憧れの作家」になり切って書く。

さて「自分と似たタイプの作家」の模倣を終えたら次は何をすればいいのだろうか。

今度は「自分と似ていないけど憧れの作家」になり切って書いてみることだ。

私が本を出した比較的初期の頃、確か2007年～2010年くらいだったと記憶していているが出逢った編集者たちから異口同音に聞いた愚痴は、「中谷彰宏氏にそっくりの原稿が連日届けられる」というものだった。

小説の世界だとひょっとしたら今もそうかもしれないが、「村上春樹氏にそっくりの応募原稿が連日届けられる」という話を聞いたことが何度もある。

まあその気持ちもわからないではないが、もちろんそれでは本にならない。

同じ文章を書く作家は二人も要らないし、そもそも偽物は売れないからである。

高級腕時計の偽物だと「よくできているよね」と売れることもあるかもしれないが、作家の偽物は「よくできているよね」と売れることはまずないのだ。

しかしあなたは先に「自分と似たタイプの作家」になり切って書くという訓練をしているため、「自分と似ていないけど憧れの作家」になり切って書くことでバランスが取れるようになるのである。

両極端を経験することでちょうどいい塩梅が見つかりやすいのだ。

私がこれを最初に試したのはセミナー講師だった。

会社員時代に「自分と似たタイプの講師」と「自分と似ていないけど憧れの講師」の両方を徹底して模倣することで、自分〝ならでは〟のスタイルが見つかったのだ。

それを作家にも応用したらやっぱり同じだったというわけである。

32 難しい語彙を使いたがるのは、学歴コンプレックスがあるから。

特に小説の世界では多いのだが、やたらと難しい語彙を使いたがる作家は多い。

中には「明らかに辞書片手にあえて難しい語彙を使って読みにくくしているでしょ」という作品もある。

ある中卒の芥川賞作家は「辞書片手にあえて難しい語彙を使って読みにくくするのも作風」と開き直り、実際にそれが彼の作品の味にもなっていた。

彼のように中卒をウリにして確信犯で難しい語彙を使うのはいいが、そうでないなら普段使いもしない語彙の多用はやめよう。

読者にもそういう背伸びは完璧にバレているものだ。

語彙というのは普段からそれを使った文章を何百回と書き慣れた人だけが使う資格を与えられている。

何となくカッコいいから付け焼刃で使ってみましたというのでは、前後の文脈だとか全体のバランスの中から浮いてしまうのだ。

どうかあなただけにはそんな醜態を晒してもらいたくない。

できれば文章というのは平易で深いほうがいいのだ。

難しいことをさらに難しく書くのではなく、平易な語彙でわかりやすく書こう。

平易な語彙でわかりやすく書くこととレベルが低いことはまるで違う。

レベルを下げないまま平易な語彙で書くことは可能だ。

ビジネス系だとそれは中谷彰宏氏であり、小説の世界だと村上春樹氏だろう。

最近では今村夏子氏の書く小説も平易だけど深いと思うが。

33

文字数をたくさん書いた作家が偉かった時代は、20世紀で終わった。

「鈍器本」と呼ばれる分厚い本が一部マニアの間では流行っているが、実際には置物として購入されている例もあるだろう。

それはそれで悪くないし、むしろそういうのが私は好きだ。

本は読まなくても飾っておくだけのインテリアとしても立派な存在意義がある。

しかし全体の流れとしては文字数をたくさん書いた作家が偉かった時代は、20世紀で完全に終わったという事実はいくら強調しても足りないくらいだ。

小説の世界でも鋭い作家はそれを20世紀の終わり頃から察知して、さっさと文字数の少ない本にシフトして1000万部以上の発行部数を誇っている人もいる。

ビジネス系でもそれは同じだ。

分厚い本はインテリアとして今でもたまにベストセラーになることもあるが、実際は文字数の少ない本が売れている。

インターネットが浸透して様々なＳＮＳから人々は情報を得るようになったが、いずれも文字数が少なくなっており短時間で終わらないと見てもらえない。数秒の世界なのだ。

本書は作家志望者向けの内容なので文字数がたっぷりになりそうだが、読者としての能力はもはや長文は毛嫌いされる傾向にある。

これは「読者の読解力が落ちた」という批判ではなく、読解力が不要になった社会がそこにあるものとして本を書いたほうがあなたは儲かるという話だ。

特に小説の世界では「４００字詰め原稿用紙〇〇枚」というように自分が書いた文字数を競い合う傾向が未だにある。

別に量をたくさん書くことが悪いことだとは微塵も思わないが、たくさん書いた者が偉いということではない。

職業作家として最も偉いのはたくさん売れた人である。

売れるのであれば「鈍器本」もいいが、からきし売れないのであればむしろ文字数を減らしてはどうだろう。

短歌・俳句・詩はその好例だが、文字数が少ないからと言って浅いわけでもない。
ちなみに私の20万部セラーは、千田琢哉オリジナルの箴言集だった。

34 「これを読んでもらいたい」順番に書く。

小説の世界だと「書きたいシーンから書け」というアドバイスをよく聞くだろう。

もちろん人によるだろうがそのアドバイスは概して正しい。

私もこれまで10本ほど小説を書いてきたが、普段から「このシーンを書いてみたい」というスケッチのようなものをしており、そこから話を展開すると400字詰め原稿用紙換算で100枚とか200枚程度ならすぐに仕上がる。

これは私がこれまでに散々ビジネス系の本を書き続けてきたからわかるのだ。

なぜならビジネス系の本は「これを読んでもらいたい」順番に書くからである。

小説の場合だと途中で小さなピークや中くらいのピークを、最後に本格的なピークを持ってくるというのがお決まりのパターンだが、ビジネス系の本でそれはしない。

ビジネスの世界では「結論ファースト」という言葉がある通り、冒頭から惜しみなくピークを持ってこなければアウトだ。

だから私はタイトル、プロローグ、見出しのコピーの重要性を執拗に説くのである。

小説の世界だって実はそうなのだ。

夏目漱石の『吾輩は猫である』や川端康成の『雪国』の冒頭を思い出してみよう。

ヘミングウェイの『老人と海』やカミュの『異邦人』の冒頭を思い出してみよう。

面白い小説は冒頭の一行目からすでに面白い。

きっとビジネス系の売れっ子作家が常軌を逸するほどプロローグや見出しのコピーを考え抜いているように、小説家は冒頭の一行目を死ぬほど考え抜いているのだろう。

あなたが「これを書かずには死ねない」と本心から湧いてきた一文を冒頭に書けば、それが誰かの心に響かないはずがない。

少なくともそう信じて書くしかないのだ。

せこく出し惜しみして後半やラストまで隠そうとしていると、あなたの渾身の一作は誰にも読まれることなくこの宇宙から消えるだろう。

人生を楽しむコツは食べたいものから食べることだ。

そうすれば常に残った中で一番好きなものだけを食べられる。

作家が本を書く時にはは書きたいものから書くことだ。
そうすれば読者は常に残った中で一番読みたいものだけを読むことができる。

35

書いた直後と翌日に読み返す。

最近は原稿用紙に手書きで執筆するという人は激減し、ほとんどの人がキーボードで文字を打ち込んでいるはずだ。

私もそうしている。

自由自在にコピー＆ペイストができたり字の上手い下手に無関係で文字の読みにくさを防げたりするから便利は便利だが、本来自分が書けない漢字まで変換してくれるからつい甘えてしまって逆に誤字脱字が増えてしまう。

「送る」と「贈る」、「先週」と「千秋」、「憲法」と「拳法」など思ってもいないミスも増える。

これは新人賞の応募原稿を読む編集者たちがぼやいていた話だが、1枚目からいきなり10や20も変換ミスがあるともうそれだけで読む気が失せてしまうとのことだ。

私が編集者の立場でもきっとそうなるだろうことが想像できる。

本人がどう思っているかは関係なく、誤字脱字が異様に多いと確実に読み手の心証を悪くするようだ。

だからあなたは必ず自分が書いた文章を読み返す癖をつけてもらいたい。

その頻度や緻密さは人によるだろうが、ここで私の習慣を披露しよう。

私は書いた直後にザッと読み返し、寝る前にもう一度読み返す。

さらに翌日執筆を開始する前に昨日書いた文章をザッと読み返している。

これだけで編集者が読む気の失せるほどの誤字脱字は残っていないはずだ。

こんな私がこれまで何とか本を出し続けられた理由は、きっとそれだけ私とは仕事がしやすかった証拠だろう。

作家も人間相手の仕事である以上、取引先に嫌われたらやっていけないのだ。

36 自分が書いていて面白くない文章を世に出してはいけない。

今からとても厳しいことだが、作家を目指す人には絶対に避けて通ることができない事実なのであえて述べておく。

自分が書いていて面白くない文章を本にしてはいけないということである。

建前ではなく本音ではどんなに売れっ子作家でも書いていて「あれ、面白くないな」とか「ネタ切れだな」と感じることがあるものだ。

これには例外がない。

消える作家の共通点はここでそのままダラダラと書き終えておいて、その分の印税をもらうことだ。

目先のお金が欲しいからである。

ところがこれを二度三度続けるとどうなるか。

読者が激減して採算が取れなくなり本を出してもらえなくなる。
呆れるほどにシンプルだが、それだけの話だ。
だから私はあなたに念を押しておきたい。
「あれ、面白くないな」とか「ネタ切れだな」と感じたら、とりあえず休もう。
休むこともまた作家の仕事なのだ。
それはプロスポーツ選手が怪我をしているにもかかわらず無理をして試合に出ていると
選手生命が終わってしまうから、身体を休ませなければならないのと同じである。
だが現実問題として、長い作家生活の中では他人に語れない苦労も多い。
そんな時でも例外的にそういう醜態は一度までに抑えよう。
プロとして二連敗するともうアウトだ。
誰に二連敗するかって？
もちろんあなた自身に、である。

37 立ち読みした人がパッと開いて、「おっ」と思うように書く。

ネット書店では試し読みが、リアル書店では立ち読みができることが多い。

これは素晴らしい仕組みだと私は思う。

試し読みだけで終わるとか、立ち読みだけされておしまいということもあるだろう。

だがパッと開いて「おっ」と思うように書いておけば全員とは言わないが、かなりの人がいずれ購入してくれる。

「以前から気になっていた」「お金を払うのを躊躇っていた」という人が一度買ってくれると、堰を切ったようにヘビーユーザーとして支えてくれるようになるのだ。

それは本だけではなく私がやっている音声ダウンロードサービス「真夜中の雑談」とPDFダウンロードサービス「千田琢哉レポート」の購入履歴を見ていてもわかる。

まず私のSNSや動画配信へのアプローチから始まり、恐る恐る1件だけダウンロードをしてみる人が多い。

ところが私のコンテンツは一度味わうと1件だけでは終わらないようで、リピート率が95％を超えている。

その理由は簡単で、毎回必ず「おっ」と思うようにコンテンツを作っているからだ。

このお客様に「おっ」と思ってもらうように仕事をする姿勢というのは、職業作家に限らず他の職業でも同じくらい大切なのではないだろうか。

「おっ」という基準を知るためにはその分野で一流の仕事に触れるしかない。

私が職業作家になるまでには死ぬほど本を読んできたが、それは同時に結果論として「おっ」という基準を学んでいたのだ。

「竹村健一さんならこんな建前は書かないぞ」

「大前研一さんならもっと鋭利な分析をするはずだ」

「中谷彰宏さんならもっとシンプルに表現するはずだ」

執筆中にそうやって一瞬頭を過ることが「おっ」と思わせる文章に繋がるのだろう。

38

最終項目が、エピローグ。

私は初期の頃の何冊かを除けばエピローグを書かなくなった。

エピローグで長々とお世話になった人々へのお礼を述べる作家もいるのだが、それはお金を払ってくれた読者には関係のないことだ。

中には目立ちたがり屋の編集者がいて勝手に自分の名前をエピローグに書き加えて、それを転職活動に使っていることもある。

そういう卑しくて邪悪な性根は必ず本に滲み出るし、読者にも伝わるものだ。

私が私淑している作家が「エピローグは不要」と本で書いていたのを見て、それ以来私はエピローグを書かなくなった。

最終項目がエピローグであればそれでいい。

お金を払ってくれる読者はあくまでもあなたのコンテンツを堪能したいのであって、くだらない社交辞令や謝辞を読みたいわけではないのだ。

その代わり私の本ではプロローグで上澄み中の上澄みを出し切ることにしている。仮に1500円の本ならプロローグに1000円払ってもらうイメージだ。

小説家が自分の書いている物語の「おしまい」が自然とわかるように、ビジネス系の作家も「最終項目はこれだな」というのが自然にわかる。

だから最終項目のあとにわざわざエピローグなどを書いてしまうのは蛇足なのだ。

あなたもプロを目指すのであれば憶えておいてもらいたい。

過剰は不足より罪が重いということを。

39

ネタ切れになったら、「さて、ここでとっておきの話だが」と書いてみる。

私が大学時代に数として一番たくさん読んだ本は小説だった。

何百冊、何千冊と読んでいるうちに、次第にこんなことに気づかされる。

「あ、この小説家はここでかなり苦しんでいるな」という気持ちが読者である私にも伝わってくるのだ。

何に苦しんでいるのかと言えば、ネタ切れである。

ところがさすが彼ら彼女らはプロだった。

ネタ切れで苦しくなってくると、必ず次のようなフレーズが飛び出したものだ。

「その刹那、背後から剥き出しになった殺意が迫った」

「突然、猫が目の前を通り過ぎた」

「ふと見上げると、彼がいた」

どうしてそれがわかるのかと言えば、それを読んでいた私がその直前でとても眠くて退屈に感じられたからである。

読者が眠くて退屈に感じるということは、その物語を書いている小説家自身も眠くて退屈だったのだ。

それでも小説家はプロとして前に進まなければならない。

そこで自分が眠くて退屈にならないように〝何か〟を起こすのである。

あえて〝何か〟を起こすことでそこから話を展開しなければならず、それが小説家の想像力を発揮させるのだ。

あなたも職業作家になったら、きっとネタ切れを経験するだろう。

そうしたらプロとしてとりあえずこう書けばいい。

「さて、ここでとっておきの話だが」

そこから先を考え抜いて、何とか読者を唸らせるのが職業作家なのだ。

40

行き詰ったら、とりあえず寝る。

何をしても、もう書けない。

一文字も書く気にならない。

もうこの先自分は作家としてやっていくことなどできないのではないだろうか。

多くの作家たちが一度ならずそう苦悶したことがあるように、もしあなたも執筆中に行き詰まったらぜひ試してもらいたいことがある。

とりあえず寝よう。

執筆に限らず人生で行き詰まったらとりあえず寝てしまうというのは極めて有効だ。

たとえば今、夜中の3時で締め切りまであと6時間としよう。

眠くて仕方がないし、もちろんそんな頭では何もアイデアが浮かばない。

それならいっそのこと目覚まし時計をセットして朝の6時まで3時間熟睡しよう。

3時間熟睡すれば必ず疲労が回復されて頭も冴え切る。

「どうしてもっと早く寝なかったのか」と激しく後悔するほどに。

そうして朝の6時から9時にかけて一気にラストスパートをかければいいのだ。

眠い目をこすりながら6時間かけてもゴミのような原稿しか書き上げられない。

そんなことはもはやあなたには釈迦に説法のはずだ。

切羽詰まった状況でプロの品質を保つためには、勇気を出してとりあえず寝る以外に方法はない。

換言すれば行き詰まったら眠れることがプロの条件なのだ。

ぜひグズグズして寝る勇気のない人は、今のうちに寝る勇気を鍛えておこう。

41

真の口述作家には、簡単にはなれない。

滝沢馬琴やドストエフスキーが口述で作品を仕上げたのは有名な話だ。

ヒトラーの『我が闘争』も収監された間に側近に口述筆記をさせたというが、あれは側近や出版関係者がさぞかし優秀だったのだろう。

現代でも口述作家は複数いるし、素人から見ると手抜きをしているように思えるかもしれない。

結論を言ってしまうと、真の口述作家には簡単にはなれない。

天才数学者や物理学者たちがペンと紙もないまま頭の中だけで難問を解いたり仮説を構築したりするようなものだ。

慣れてきたら自然にできるようになると思っている人もいるが、それは慣れてきたのではなく単に文字起こしをしてくれたプロが優秀だっただけである。

これは有名人が何回かインタビューを受けてゴーストライターがそれをまとめるのと同じだ。

裏ルートから入ってきた情報によると、私をはじめ自分で執筆している職業作家の本をあちこちつまみ食いしながらその種のライターがお手軽にまとめているらしいが。

ビジネス系の作家はこれが約9割だと言われている。

出版社によってその比率は違うだろうしライターが介入する塩梅もそれぞれ違うからこれという数値は正確には出にくいだろうけど。

ちなみに私はこれまで一度もインタビューを受けて文字起こしでゴーストライターにまとめてもらったことはない。

ただ、口述作家に対する憧れはある。

言うまでもなくゴーストライターにおんぶにだっこのインチキ口述作家に憧れているのではない。

滝沢馬琴やドストエフスキーのような真の口述作家に憧れているのだ。

そうすれば視力の衰えにも負けずに老後も作家を続けやすいと思うからである。

私は職業作家として死ぬ直前までアウトプットし続けたい。

42

ＡＩ作家は、意外に善戦する。

この先ＡＩによるコンテンツがどんどん発売されるはずだ。

作家や評論家の中には「所詮、ＡＩだから……」と批判的な意見を述べる人も多いが、私は意外に善戦すると考えている。

人気作家の作品が5とすれば、ＡＩ作家の作品は「オール4」といったところだろう。

新人賞を受賞するのは難しいが、その一歩手前くらいまでは仕上がるのではないか。

ちょうど「ロボットは東大に入れるか」に挑戦した東ロボくんがＭＡＲＣＨレベルの合格で幕を閉じたのと同じである。

どうやら敗因の一つに現代文の力の伸び悩みがあったようだ。

もし予算を組んで再チャレンジすれば今度は早慶に合格できるかもしれない。

そのくらいＡＩは日々進化している。

きっとＡＩ作家市場というのもできて、それが好きだというファンも生まれるはずだ。ＡＩ作家の書く文章の捻りのなさが逆にいいとか、複雑さや難しさが一切なくていいといったように。

とは言うもののやはりオール４だから微妙な心のひだまでは表現できないだろう。どこかで見たり聞いたりしたそれらしい言葉を並べているだけだから。

プロの書家がポタリとこぼした墨汁すらも作品の味にしてしまうようなアナログ的な創造はＡＩにはちときつそうだ。

同様に職業作家たちが非論理的だけど妙に唸らせる文章を書くような技術をＡＩ作家は苦手とするだろう。

以上のことから無料もしくは安価で読みやすい文章を求める人はＡＩ作家を好む傾向になり、それなりのお金を払ってでも教養が必要とされる文章を求める人は職業作家を好む傾向になるだろう。

自称作家や売れない作家よりもＡＩ作家のほうが支持されるのは間違いないが。

43 ゴーストライターを使うか否かの答えは、好みの問題。

職業作家としてではなく自分の名前を貸してゴーストライターに本を書かせている〝名義貸し作家〟になりたければ、私は別に反対しない。

それはそれで成功者の証と言えるだろう。

他意なく素直に私はそう考える。

その種の名義貸し作家たちは本業が医師だったり大学教授だったり経営者だったり、はたまたインターネット上のカリスマだったりすることが多い。

概して本業の中での地位が低く、その分お金を稼いで有名になりたい人たちである。

出版社から「先生、名前だけお貸しください。あとはこちらで全部やりますので」と口説かれたのだろうか。

これまで私が見てきた例だとその種の名義貸し作家たちは出版日にインタビューで「ま

だ一度も読んだことがないのでこれから読みます」と口を滑らせてしまったり、「私が書いたわけではないのでわかりません」と正直に答えてしまったりしていた。

逆に清々しくて私などは好感を持ったが。

こうした名義貸し作家になれば信じられないようなペースで本を出すことも可能だしお金持ちにもなれる。

ただしあなたがすでにそれなりの知名度があるとか社会的な成功者でなければちと難しい。

少なくとも出版社から頭を下げて、「あなたの本を出させてください」と懇願されるくらいでなければお話にならないだろう。

その水準にある人はゴーストライターを使う手もある。

44 速筆になりたければ、アイデアが溢れる頭を作ること。

職業作家として活躍している人たちは素人から見たら速筆だろう。

まるでピアノを弾いているかのようにキーボードを弾いている。

では職業作家は自分が速筆だと思っているのだろうか。

誰一人として思っていないはずだ。

職業作家にとっては脳と指先がほぼ同時に働くのが普通であり、むしろもっと指先が速く動けばいいのにとか、キーボードが指先のスピードにきちんと反応してくれないというストレスを抱えているだろう。

初期の頃は誰でも速筆に憧れるものだから、私にもその気持ちはわかる。

速筆に憧れる人に私からアドバイスをさせてもらうなら、「たくさん書くしかない」となる。

たくさん書かなければ速筆になり得ないし、速筆になったらその結果としてたくさん書けるようになる。

だからたくさん書く人は概して速筆だし、速筆な人は概してたくさん書く。

賢明なあなたならお気づきのように、頭の中からたくさんアイデアが生まれる状態にある人は放っておいても速筆になるというわけだ。

なぜなら無尽蔵に溢れるアイデアをこの世に残すためには、作家は速筆にならざるを得ないのだから。

結局のところ生まれてから今日までの集大成がアイデアの溢れる頭を作るのである。

これまで冴えない人生を送ってきた人は、今この瞬間から本を読み、多くを体験し、人と語り合い、孤独に思索するしかない。

人生で一番若いのは常に今この瞬間なのだから。

45

良質の推敲をしたければ、きちんと睡眠を挟むこと。

とりわけ小説には推敲が大切になる。

売れっ子小説家の中には推敲を100回以上繰り返すという人もいるくらいで、どこかでストップしなければ推敲だけで人生が終わりそうだ。

私は脱稿前にも執筆中に同時並行で推敲をするし、ゲラチェックの際も推敲をする。

質の高い推敲とはどんなものだろうか。

それは大きな部分を変える推敲ではなく、小さな部分を変える推敲だ。

「てにをは」で迷うとか、「、」の位置で迷うとかがそうだろう。

「そんなことで？」とあなたは思うかもしれない。

しかしどこに「、」を入れるか、もしくは入れないかは極めて重要なのだ。

文章の美しさや読み手に与える印象がガラリと変わってしまうからである。

あと私が嬉しくなるのは気の利いた一文が思い浮かび、それを加筆することによって「今回もいい本が書けた」「これで読者が喜んでくれるだろう」と確信した瞬間だ。

それは自己満足かもしれないが、間違いなく手応えはある。

「今日まで生きてきて本当に良かった」と全身の細胞に生命力が漲るものだ。

ではそんな質の高い推敲をするためにはどうすればいいのか。

これはもうきちんと睡眠を挟む以外に方法はない。

眠い目をこすりながらではろくな推敲はできないだろう。

睡眠を挟んだ数だけ質の高い推敲ができるのだから、勇気を出して寝ることだ。

村上春樹氏は本腰を入れる推敲の前にあえて長い休みを入れるらしいが、彼はこれを「養生」や「寝かせる」と表現している。

何を寝かせるのかと言えば、原稿を寝かせるのだ。

これはまさに「睡眠を何度も挟む」ということに他ならない。

46 他者に指摘された箇所は、何らかの形で書き換えよう。

これは私が強く意識していることだが、他者に指摘された箇所はそのままではないにしろ何らかの形で書き換えることにしている。

この場合の他者とは必ずしも編集者とは限らない。

私が認めた相手なら誰でも受け入れる。

たとえば「この部分がわかりにくい」と指摘されたとしよう。

そうすると私は「この部分」をわかりやすく書き換えるか、「この部分」を根こそぎ削除してしまうことが多い。

これは別にその相手に感謝したとか腹を立てたとかで決めるのではなく、認めた相手が「この部分」に違和感を持ったのだから、きっと何らかの形で手を加えたほうがいい文章、つまり売れる文章になるだろうと考えるためである。

期待をしていると言い換えてもいい。

そのくらい書き上げた文章には第三者の視点が必須であり、売上に直結するのだ。

編集者は一応プロだろうし、国語力の高い読者も信用できる。

村上春樹氏の原稿を最初に読むのは奥さんらしく、口論に発展することもあるとか。

注意してもらいたいのは作家志望者が第三者に原稿を読んでもらう場合だ。

有料のサービスに依頼するのも手だが、その読み手が必ずしも識者とは限らない。

インターネットで誰でもお手軽に申し込めるようになった分、自称プロを名乗る輩が激増しているからだ。

かと言って素人同士で読み比べをしてもほぼ意味がない。

お互いに褒め合うか貶し合うかで関係が終わると相場は決まっている。

私のアドバイスとしてはこうだ。

自分が目指すジャンルですでに活躍している作家が公開したハウツー本から学べ。

村上春樹氏、大沢在昌氏、松岡圭祐氏、森沢明夫氏、中谷彰宏氏など各分野の作家がハウツー本でスキルを完全公開してくれている。

本書もその一つだ。

それらを熟読玩味しながらとにかく書きまくり、あとは新人賞の最終選考に残るか、応募した出版企画が通過すれば出版社の編集者が仕事として読んでくれる。めでたく作家になった暁には放っておいても本の数だけ編集者がつく。その時は「他者に指摘された箇所は、何らかの形で書き換えよう」を思い出そう。ぜひあなたもこの勝ち組スパイラルに乗ってもらいたい。

47

脱稿の出来映えが、作家の実力。

脱稿とは作家が書き上げたホヤホヤの原稿を最初に編集者に手渡すことだ。

手渡すと言っても最近はほとんどメールで送るだろうが。

この脱稿の出来映えは作家により天地の開きがある。

概して長年売れ続けている実力派は脱稿の出来映えが良く、そうでない作家の脱稿の出来映えは滅法悪い。

だからこそ両者の差はますます開くのだろう。

編集者も人の子だ。

誰だって出来映えの良い原稿のほうが出来映えの悪い原稿よりも好きに決まっているのだから。

私が私淑している職業作家たちの仕事ぶりは雑誌のインタビュー記事やあらゆる本で読

み込んでいたし、私が実際に本を出すようになって同じ担当編集者から詳しく話を聴いていたから脱稿の出来映えにはこだわった。

初期の頃は編集プロダクションのライターや出版コンサルが仕事を運んでくることもあったが、私の脱稿が完成され過ぎていて彼らの仕事がなくなってしまったようで、今では全員がクビになってしまっている。

それはそうだろう。

彼ら彼女らはほぼゴーストライター的な仕事をすることで私の印税からピンハネするつもりだったのに、出版社の編集者が私の脱稿の完成度を知って彼ら彼女らの存在が不要だとわかってしまったのだから。

これは自慢でも何でもなく、これが作家の実力の下限だと私は言いたいのだ。

作家が卓越した文章を書けるなんて当たり前のことであり、プロスポーツ選手たちがそれぞれのスポーツで卓越したパフォーマンスができるのと同じである。

そんなのが自慢になるはずがない。

だから私はあなたにぜひわかってもらいたいのだ。

職業作家になりたければピンハネされて中抜きされるような存在にはなるなと。

編集プロダクションや出版コンサルをこの世から撲滅させる必要はないが、あなたがそれらと関わる必要のない存在になってもらいたい。

仮に関わるとしても直接的にではなく間接的に関わってもらうべきだ。

あなたとは編集者を通してでなければやり取りできないくらいでちょうどいい。

それが職業作家というものであり、誇りだろう。

脱稿後に編集者から「今回はライターをつけますね。印税は3％引かせてもらいます」と言われたら、「あなたの文章は下手ですね」と言われているのと同義である。

もしそう言われたら現実を真摯に受け止めて成長しよう。

48 脱稿するまでには、次の作品の企画がもう浮かんでいる。

ジャンルを問わず多作家と言われる人は100冊以上の本を出していることが多い。

まだ1冊も本を出していない人からすると想像もできないだろう。

100冊以上の本を出した人は超人なのか、天才なのか。

答えを言ってしまうとそんなことはない。

ここで私はあなたに彼ら彼女らの共通の能力を公開しよう。

それは執筆している最中に次の企画がもう浮かんでいるという能力だ。

今書いている本が次の本の企画を生んでくれるのである。

出版社の編集者たちもその辺りはよく心得ており、他社で売れた私の本を持ってきて「この章を膨らませて1冊の本にしましょう」と提案してくることも多い。

さすがプロである。

これは小説家も同じようだ。

短編小説から長編小説が生まれることもあるし、長編小説を書き終えたあとで無性に短編小説を書きたくなることもある。

あるいはずっと小説ばかり書いていると疲れるからとエッセイを書いてみたり翻訳をしてみたりする小説家もいるようだ。

もちろんビジネス系の作家が小説やエッセイに挑戦することもあればエッセイストが小説に挑戦することも珍しくない。

ホテルのスタッフ出身だった故森村誠一氏はもともとビジネス系の本を書いていたが小説家へと転身を果たしている。

それぞれのジャンルで求められる能力はかなり違うだろうが、文章を生業としているという点では見事に一致しているのだ。

別にあなたも100冊出す必要はない。

だが職業作家になるからには生涯の著作数が数冊では生きていけないだろう。

出すたびにベストセラーという売れっ子作家でもせめて30冊くらい、並の売れ行きの職業作家なら50冊以上は書かないと心もとない。

今目の前の仕事を最高に仕上げることが、次の仕事への最高のマーケティングだ。今の作品の最終項目が次の作品のプロローグになるというのが、私が理想としている仕事の繋げ方だがあなたはどうだろうか。

いずれにせよ今の仕事が次に繋がるという点で多作家は同じスタンスなのである。

ぜひあなた〝ならでは〟の仕事の繋げ方を発掘してもらいたい。

生まれてから今日までの
すべてを出し尽くせ。
もし行き詰まったら、
勇気を出して寝よう。

4

第1作目を出版する

49 自費出版は一生の恥。商業出版は一生の誇り。

この3年くらいで私に届けられる質問の中でも特に増えたものがある。

それは私の読者の作家志望者たちからなのだが、「自費出版の売り込みがあったけどどうですか?」という相談だ。

同じ質問がどんどん増えているが、どうやらお茶を濁すばかりで誰一人として本音を教えてくれないようなので私がこの辺りで本音ストレートパンチを浴びせよう。

自費出版は一生の恥だ。

通常数百万円、場合によっては1000万円以上請求された挙句、あなたの人生の汚点になる。

断じて関わるべきではない。

自費出版に次ぐ恥として共同出版もある。

著者が一部または大部分を負担して出版するというものだ。

これもまた通常は100万円以上かかる。

職業作家というのはお金をもらう側であって、お金を払う側の人間ではない。ちゃんと作家として適切な印税をもらい、全国のリアル書店とネット書店で販売してもらうのが商業出版であり、唯一あなたが目指すべき道なのだ。

これはいくら強調しても足りないくらい重要なことなので頭に叩き込んでおこう。

自費出版や共同出版で出された本をプロに見せれば「うっ」と思われる。見る人が見れば一瞬でわかってしまうのだ。

ダサい表紙、ダサいタイトル、奥付を見ると有名出版社名のあとに続く自費出版臭の漂うカタカナ……といったように、すべてにおいて恥ずかしい。

それもそのはず。

商業出版を扱っているちゃんとした出版社に入社できなかった残念組が、自費出版や共同出版の会社に渋々入っているからだ。

そもそも自費出版や共同出版しかできない自称作家たちを相手にしているのだから、見事に釣り合いが取れていると言えば取れている。

例外的に法人がリクルート用だとかブランド戦略の一環として自費出版や共同出版をすることはあるが、個人でやるのは正気の沙汰とは思えない。

定年後にどうしても承認欲求を抑え切れずに自伝を作りたければ、高額を請求される自費出版ではなく近所の印刷会社で安い冊子を作ってもらえば十分だろう。

商業出版は売れなければ出版社が倒産するので関わる人が全員プロだが、自費出版や共同出版は作家でも何でもないド素人を相手に暴利を貪るピラニア集団だ。

あなたは自ら率先してそんなピラニア軍団の餌食になるべきではない。

自費出版は大金を巻き上げられた挙句、あなたの一生の恥になるのだから。

反対に難易度の高い商業出版はあなたの一生の誇りとなるだろう。

50 ダメと明記されていない限り、出版社への持ち込みは〝一斉〟に限る。

人生には正しい建前よりも大切な信念を優先させなければならないことがある。

それは第1作目を出版するための図太さだ。

建前としては出版社への持ち込みや応募は1社ずつにアプローチして、断られたら次に進むというのが正しい。

しかし律儀にそんなことをちんたらやっていたら寿命が200年あっても足りなくなる。

私も含めて100冊以上出し続けている職業作家たちは、正しい建前よりも大切な信念を貫いていた。

これが仕事のできる人とできない人の決定的な違いなのだ。

デビュー前の出版社への持ち込みは〝一斉〟に限る。

中には「道義に反する」とお叱りを受けることもあるだろう。

だがそんな正論は絶対に真に受けるべきではない。

もちろん結果はあなたの自己責任だが、ここは一つ勇気を出して突破すべきだろう。

ただし新人賞のように「同じ原稿を同時に複数社に応募する」のを禁止していたり、出版社のホームページに「一斉持ち込み厳禁」と明記されていたりする場合はNGだ。明記されている場合はスポーツと同じくルールなのだから守るべきである。

ちなみに私はサラリーマン時代に第1作目の企画を26社にFAXで一斉送信した。正確には当時の部下たちがよく調べて果敢に実行してくれたおかげだが。

内容は「これを本にしたい出版社、早い者勝ちですよ」という高飛車なものだった。

結果は翌日までに26社のうち5社から「ぜひうちから」という返信があり、部下たちと協議した結果一番条件が良くてブランド力のある出版社に決めたのである。

1週間ほどしてからもう1社から返信をもらったが、その時にはもう出版社が決まって仕事が進んでいた。

いかがだろうか。

あの時私が断った出版社の中にはその後何事もなかったかのように私と取引していると

ころもあるし、少なくとも私はこれまで何も嫌がらせを受けていない。

ひょっとしたら私の知らないところで嫌がらせを受けているのかもしれないが、もう私には地位と経済力があるので痛くも痒くもないというわけだ。

翻って、あなたはどうだろうか。

正しいことだけをやっていれば成功できるほど世の中は甘くない。

善悪なんてその時代の大衆の多数決や思い込みに過ぎず、アテにならないものだ。

だったら多数決ではマナー違反かもしれないけど、あなたが頑として譲れない大切な信念を人生で一度くらい貫いてみてはどうだろうか。

それが生きるということではないのか。

私はあの時私の大切な信念を貫いたおかげで、今ここにいる。

51 就活と同じで、コネがあってもダメなものはダメ。

出版社の社員とコネがあったら本を出しやすいのだろうか。

そんなことはない。

出版社に勤務する人たちは普段からコネを依頼されまくっている。

家族や親戚や旧友はもちろんのこと、会ったことのない隣人からも配偶者を通して「本を出したい」と散々言われ続けているのだ。

だから出版社の社員たちは相手が傷つかない断り方も心得ている。

「ごめんね。うちは小さな出版社だから公募は受け付けていないんだよ」

「ホームページから応募するのが一番近道だと思うよ」

「そういう企画ならA社さんが強いよ。企画募集しているみたいだからそっちに送ってみたら？」

以上を要約すると「寝言は寝て言え」となる。

いかに小さな出版社でも、いや小さな出版社ほど余裕がないから無名な凡人の本など出せるはずがないのだ。

むしろそんな赤字を生み出すような疫病神とは絶対に関わりたくもないし、できれば挨拶すらも交わしたくないと思っている。

超人気企業への就活と同じでコネ枠のほうが競争率は高いくらいで、コネがあってもダメなものはダメなのだ。

むしろコネを利用しようとしているその腐った性根が出版社の社員との距離を広げてしまうだろう。

仮にコネで奇跡的にお粗末な本を出版できたとして、そのあとどうするのだろうか。

出版業界では実売数を一瞬で確認できる「パブライン」というものがあるから、「絶対に関わってはいけない著者」というブラックリストに放り込まれるだけである。

つまり二度と本を出せないということだ。

52

ベストなのは、小粒ピリリ系出版社の社長をやる気にさせること。

作家として一番成功しやすいのは第1作目を大手出版社から出すことではない。

小粒ピリリ系出版社から出してもらうことだ。

なぜならせっかく大手出版社から出してもらっても有名人や大御所の本が優先されるから、あなたの本がその他大勢扱いされておしまいだからである。

小説や漫画は大手出版社から出さないとそもそも扱っている会社が少ないから勝負にならないが、ビジネス系の本は大手出版社から出すのは売れてからのご褒美なのだ。

今は売れっ子の職業作家でも第1作目は小粒ピリリ系出版社から出しているという人が過半数だろう。

ちゃんと出版社を選んで交渉すれば印税も小粒ピリリ系出版社と大手出版社が同じになる。

ならばよりたくさん売ってもらえる小粒ピリリ系出版社のほうがいいではないか。

できれば小粒ピリリ系出版社の編集者に熱意を伝えて社長をやる気にさせよう。

熱意とは大声を出すことでもなければマッチョになることでもない。

スピードと具体的行動で相手に印象付けることが真の熱意である。

スピードとは、すべての締め切りを大幅に前倒しで終わらせること。

具体的行動とは、積極的に「サイン色紙を書きます」「イベントを開催しませんか？」「年内に12回ある私のセミナーで本を販売します」というような提案をすること。

あとは打ち合わせのために出版社を訪問してたまたま社長と会ったら、お礼の葉書をその日中に書いて郵便ポストに投函しておくといいだろう。

「本日ご挨拶させていただきました著者の○○です。この度御社から自著を出させていただくことになりましたが、何としても3刷まではかけたいと思いますので何なりとお申し付けくださいませ。こちらからも積極的に提案させていただきます」

とても直筆で書いておけば圧倒的に目立つ。

社長に「よし、売ってやるか」と思わせたら、あなたの勝ちだ。

53 ビジネス書は、プロフィールを買ってもらっている。

ショックを受けるかもしれないが、どうか落ち着いて読み進めてもらいたい。

ビジネス書は内容を買ってもらうのではない。

まず、プロフィールを買ってもらっているのだ。

「東大×財務省×身長１８７㎝のイケメンモデル」

「東大首席×ミス〇〇×医師」

「東大×ハーバード×ゴールドマンサックス最年少役員」

もしあなたが以上のどれかに匹敵するプロフィールの持ち主であれば内容に関係なく楽々出版できる。

本人は一文字も書かなくても1時間程度のインタビューを5回〜10回こなして、あとはゴーストライターが完璧にまとめてくれるだろう。

世の中とはそういうものである。

そこまでのプロフィールではなくても読者はまずあなたのプロフィールでお金を払う価値のある作家かどうかを判断していることを知るべきだ。

基本的に読者は「うわー、憧れちゃう経歴だなー」と感じる相手の本しか買わない。

本は内容さえ良ければ売れると考えている甘ちゃんはとても多いが、内容よりも前にまずプロフィールが憧れられないと門前払いなのだ。

小説の場合は受賞歴だろう。

芥川賞だとか直木賞というのが読者をひれ伏させる効果を狙っている。

将来職業作家として生きたいのであれば、多くの読者が憧れるようなプロフィールになっていなければならない。

すでにこの世に出ている本がすべてサンプルだから学びたい放題だ。

とりわけ「自分と似たタイプの作家」のプロフィールには宝が詰まっている。

54 企画書とは、プロフィール＋タイトル＋プロローグ＋見出しのコピーのこと。

企画書と聞くと分厚いイメージを持っている人が未だに多いようだ。少なくとも出版に関する企画書で分厚いのは即アウトである。

Ａ４一枚目にプロフィール＋タイトル、Ａ４二枚目にプロローグ、Ａ４三枚目以降に見出しのコピーを50以上というのが最高の企画書だ。

これは編集者が重要だと思っている順番に書いてあるから、「こやつ、できるな」と思ってもらえる。

一枚目がダメなら二枚目以降を読む必要がなく、二枚目がダメなら三枚目以降は読む必要がないからだ。

分厚い企画書は分厚い時点ですぐにシュレッダー行きか溶解処理だが、私の提案した企画書なら少なくとも一枚目は読んでもらえる。

換言すれば「プロフィール」→「タイトル」→「プロローグ」→「見出しのコピー」の順番であなたは磨けばいいということだ。

現実には以上を全部すっ飛ばして内容ばかり頑張っている人はいないだろうか。

内容なんてすべてをクリアした選ばれし者しか読んでもらえない。

そもそも編集者は人間であり時間は有限である以上ダメなものに関わっている時間はないのだ。

読む価値があるものだけを読むのが編集者にとっての正解である。

いかがだろうか。

以上を踏まえた努力をするだけで競技参加者の100人中5番以内には入るだろう。

ゴールが見えた状態で努力するのとゴールが見えない状態で努力するのとでは雲泥の差だ。

あなたはゴールが見えた状態で報われやすい努力をしよう。

55 ビジネス系は、完全原稿を送っても プロフィールがダサいと読まれない。

あなたの努力が水泡に帰さないためにあえて厳しい事実をお伝えしておこう。

いくら寿命を削りながら書き上げた完全原稿を送っても、ダメなものはダメだ。

それは一次予選であるプロフィールという試験に落ちているからである。

ビジネス系で出版したければ、少なくとも読者が「自分の身近にはちょっといない」というレベルであることを示さなければならない。

たとえば私が第1作目を出す前に送ったＦＡＸの企画書にはプロフィールとタイトルしか掲載していなかった。

プロフィールで勝負は決まることは熟知していたから、むしろタイトルすらも確認のために過ぎなかった。

「東北大学卒」×「損害保険会社本部出身」×「複数の保険業界紙で長期連載執筆」とい

うのをアピールし、保険業界で働く〇〇十万人に知られていると訴求したのだ。

新卒で何となく入社した損害保険会社だったが、そこで保険業界にどっぷり浸かっておいたおかげで私の出身大学がどのくらいの評価を受けるのかも計算済みだった。

当時の保険業界で総合職として勤務するボリュームゾーンは早慶MARCH関関同立出身の男性がメインだったが、地方旧帝大である東北大学の評価はとても高かったのだ。

東北大学だけではなく北海道大学・名古屋大学・大阪大学・九州大学は文系就活生の数が早慶に比べて桁違いに少なく希少性もあり、やや過大評価される傾向にあった。

現に私が入社した損害保険会社に総合職として内定をもらうためには早慶の学生だと約50倍、東北大学の学生はせいぜい3倍~5倍の競争率だったのだから。

1990年代当時の文系就活生数をざっくり言うと早稲田大学が9000人、慶應義塾大学が5000人に対して、東北大学のそれは400人程度だった。

東北大学文系学部の学生の約半分は最初から民間企業への就職を希望せずに研究者を目指して大学院に進学するか、もしくは公務員志望だったのである。

大学時代に部活のOBからしばしば聞かされた蘊蓄に「慶應出身者とは相性がいい」「お互いに認め合っている」というものがあったが、私もその通りだったと思う。

保険業界でもそうだったように、現在の出版社と取引をするようになってからも私は慶應出身者によく支えてもらうと同時に、よく引っ張り上げてもらった。

これは私が東北大学出身だからではなくずっと田舎で生まれて田舎で育ってきたから危なっかしくて放っておけなかったからかもしれない。

それにしても慶應出身の先輩社員からかわいがってもらっただけではなく後輩社員も本当によく慕ってくれた。

だからこそ保険業界向けの仕事では次々とチャンスをもらえたと確信している。

会社によって多少の差はあるものの保険業界内は慶應出身者が極めて多いから。

以上を踏まえて出版社としては「大ベストセラーになるのは難しいかもしれないが、そこそこ売れて重版もかかるから赤字にはならないだろう」と読むはずだ。

さらに「原稿はすでに書き終えています」と明記し、もし読みたければこのＦＡＸ用紙をそのまま返信してくださいね、早い者勝ちですよ、と謳っておいたからレスポンスがないはずがない。

少なくともレスポンスをくれた出版社からすると当時の私が保険業界で日本一だとは思っていなくても、間違いなくスポットライトの中に入る経営コンサルタントだとは評価したはずである。

実際に当時の私は生損保各社本体の代表取締役たちとも密室で対話する仲だったし、当時間違いなく日本一とされた保険業界のアナリストとも一緒に仕事をしていた。

ビジネス系で出版したければ、いかにプロフィールを磨くことが大切なのかがこれでご理解いただけたと思う。

そしてプロフィール磨きほどしんどくて時間がかかることもない。

だからこそプロフィールには価値があるのだ。

つい挫けて「ハーバードＭＢＡ」と嘘を書こうものなら、学歴詐称で即アウトだからね。

56

小説家志望者は、正々堂々と新人賞を狙うのが王道かつ近道。

私にとって作家とは芥川賞や直木賞を受賞した小説家のことだ。

それ以外は作家を名乗るべきではないと本来は思っている。

そのくらい私は小説家のことを尊敬しているのだ。

ビジネス系の作家が受験勉強の延長の学校秀才だとすると、小説家は物語を創造する芸術家である。

ここで私は作家に上も下もないという綺麗事を言うつもりはない。

小説家はビジネス系の作家よりも上だと思う。

ちなみに私はこれまで自分から作家と名乗ったことはない。

私は一貫して自らを文筆家と名乗ってきたが、むしろライターに近いと思っている。

物語を創造するのがメインではないからだ。

ただ、世間では自己啓発書を1冊でも出した時点で自らを作家と名乗る人もいる。最近はそれを察知したのか小説家たちは自分を作家と名乗らず、あえて「小説家」と表記することが増えてきた。

「一緒にするなよ」ということだろう。

もっともなことだ。

本書のタイトルにも「作家」と入っているのは、そのほうが市場の認識に沿っていて売れるだろうと出版社が判断したためと、実際に私のことを作家として認識している人が多いからである。

したがって本書では市場に合わせて便宜上「作家」を使わせてもらっている。

以上を念頭に読み進めてもらいたい。

気高い芸術家である小説家としてデビューを果たすのであれば、正々堂々と新人賞を狙うことだ。

たとえば純文学の小説家としてデビューしたいならあれこれ小細工を使うのではなく文學界新人賞・新潮新人賞・群像新人文学賞・文藝賞・すばる文学賞を狙おう。

お好きなら太宰治賞でもいい。

それぞれのコースにメインストリームがあるのだから王道を歩もう。

結局はそれが近道となる。

もちろんそうでないコースもあるにはあるが、就活のコネ枠と同じでそちらのほうがむしろ競争率が高かったりするものだ。

あっちへうろうろ、こっちへうろうろしているうちに寿命が尽きてしまう。

それら王道の新人賞は受賞までの競争率が1000倍〜2000倍台になることも多いが、その程度は勝ち抜かねばならない。

なぜなら競技参加者がすべてド素人なのだから。

ビジネス系の作家でもスタートからカウントすれば平均して実質倍率数百倍の競争を勝ち抜いているはずであり、その上で市場に並べられて勝負しているのである。

ビジネス系の本のようにすぐに役立つと読者を期待させるものではなく、暇潰しであり娯楽として読んでもらう小説のほうがデビューの難易度が高いのはある意味当然だ。

それゆえに遣り甲斐はあるだろう。

最後に小説家志望者の支えになるためにそっと囁いておく。

これまで私が出逢った文芸部門のプロたちの弁を帰納して集約したものだ。

小説の新人賞は応募総数1000通のうち500通がスタートライン以前である。文字数や締め切りなどルールを守れていなかったり、そもそも日本語として明らかにおかしかったりするというのだ。

1ページ目でいきなり数十個の誤字脱字がある原稿もありこれもまたアウトだという。残り500通のうち小説の体を成した作品が100通、面白いと思いながら何とか最後まで読めた作品が50通、「これなら選考委員の先生たちに見せても失礼じゃないかな」と思える作品が5通とのことだ。

編集者たちは誰もが小説をこよなく愛するオタクたちであり、選考委員の先生たちは芥川賞作家やそれ以上の大御所や評論家である。

見せかけの競争率は1000倍でも実質倍率は100倍程度だろうか。

ビジネス系の作家デビューは見せかけの競争率が100倍、実質倍率だと10倍程度だからやはり桁が一つ違う。

57 新人賞に落選したら、自費出版や共同出版のハイエナ業者には注意しろ。

最近は小説の新人賞ばかりではなくビジネス系の新人賞まで出てきた。

しかもそれらは増え続けている。

どれに応募するのかはあなたの自由だが一つだけ注意してもらいたい。

それは落選した時にハイエナ業者が群がるということだ。

どんなハイエナかと言えば、「落選作を自費出版や共同出版で出しませんか？」という勧誘である。

募集要項には「個人情報は受賞作の発表・応募者への連絡以外には一切使用しない」と明記してあるのに、これはどういうことなのだろうか。

もちろんメールアドレス同様に裏取引で個人情報が流れているのである。

自費出版業者や共同出版業者にとって文字通り〝プライドの高い落ちこぼれ〟である落

選者たちは「カモネギ」であり、どれだけお金を積んでも入手したいリストだ。

本当は箸にも棒にも掛からぬからこそ落選したのに、「こんなに素晴らしい原稿なら自費出版でもきっと売れますよ。選考委員の目もどうかしている」くらいのお世辞を言って落選者を口説くに違いない。

そして落選者からコンサルフィーを毟り取ってポイ捨てである。

下限で100万円台、普通は300万円、大手の冠が付いている場合には1000万円コースも珍しくない。

愛情をたっぷりと込めて強調しておくが、新人賞の最終選考にすら残らなかった人はスポーツで言えば補欠の価値すらなかったということである。

まずは勇気を出してこの厳しい事実を受容しよう。

補欠の価値すらない相手に「1000万円支払えば練習試合に出してあげますよ」という詐欺と同じなのだ。

もしあなたが職業作家になりたいのならそういう詐欺と関わってはいけないし、同じ空間に居合わせてもいけない。

58

出版コンサルは利用するものであって、利用されるものではない。

一口に出版コンサルと言っても実に幅広い。

ただのライターがそう名乗っていることもあれば出版までコミットするプロもいる。

ここでは出版までコミットする本格的な出版コンサルについて述べよう。

要は作家志望者と出版社を繋ぐ役だ。

作家志望者からは通常数万円から数十万円程度のコンサルフィーを取って個別またはグループでヒアリングとアドバイスをする。

プロフィールも実績も申し分ない作家志望者たちはあっさりと出版に漕ぎ着けるが、プロフィールも実績も冴えない作家志望者たちは出版が難航することが多い。

それはそうだろう。

読者が憧れる存在だからこそ本を出せるはずなのに、「お前は読者の側だろ？」という作家志望者が本を出すのは根本的に無理があるからだ。

そこで出版コンサルはかつて自分が恩を売った弱小出版社に押し付けるのである。

たとえば過去にベストセラーを出すのを手伝ったことがあれば、それをチラつかせて「今回は何とか頼みますよ」というように。

出版コンサルも有名どころになるとメルマガ会員数やＳＮＳのフォロワー数もそれなりに擁しているから販促の手伝いもする。

それでも作家志望者が力不足で出版社が赤字で悲鳴を上げているなら、作家志望者に自腹で在庫を数百冊、数千冊買い取らせて一件落着だ。

この場合２作目はほぼ出せないし作家志望者もヘトヘトだろう。

しかし私は出版コンサルのすべてがいけないとは思わない。

作家志望者が未熟者なのにどうしても商業出版をしたければ、もはや出版コンサルに頼るしかないからだ。

もしあなたが出版コンサルを頼ることになったら、次の言葉を思い出そう。

出版コンサルは利用するものであって、利用されるものではない。

自分で「ここまでは利用するけどこの先はない」と決めたらそれを死守することだ。

たとえば会員登録して情報収集しかしないとか、無料相談会にはいつも参加するけどその先は断るなど。

あるいは1作目まではとことん付き合ってもらうけど、2作目以降は絶縁するとか。

大切なことはいつもあなたに主導権があるということだ。

主導権とは何か。

いざとなった時には断れる覚悟である。

出版コンサルをいつでも断れる状態にしておくことが、あなたの主導権なのだ。

59 出版社からお断りのメールが届いたら、それはチャンスだ。

出版社に応募して自動配信ではないお断りメールが届いたら奇跡である。チャンスと考えていい。

私も初期の頃にしばしばお断りのメールをもらったが、その出版社の編集者とコネができたと大喜びしたものだ。

実際に次回から原稿が書き上がったらその編集者にガンガン送れるわけだし。

中にはその後一緒に仕事をすることになった編集者もいて、世の中は何がどうなるかわからないと学ばされた。

その時点では何かを狙っていたわけではないのに、知り合いの知り合いという形で次々と成功の糸が繋がっていく時期もあったのである。

「風が吹けば桶屋が儲かる」「北京で蝶が羽ばたくとニューヨークで竜巻が起こる」と

いったように、小さな出逢いを大切にしておくと大きな成果に繋がりやすいのだ。

だからと言って打算的ではいやらしい。

いやらしさが伝わると人間関係がぎくしゃくするだろう。

だからあくまでも目の前の小さな出逢いを大切にする習慣が大切だ。

その一つがお断りメールである。

応募原稿のお断りに限らず仕事上で何かネガティブなメールをもらったら、あなたはいかにそれを前向きに繋げるかを考えよう。

人間関係に終止符を打つのは簡単だ。

だがあえて切らずにおいて繋げておくことで、後々予想だにしなかった大きな成果に化けることがあるのもまた事実である。

とりわけ初期の未熟者の段階における小さな種蒔きの蓄積は、その後の人生を大きく変えるだろう。

60 出版社からOKの返事が届いたら、スピードと具体的行動でやる気を示せ。

見事にあなたの企画が通ったら出版社からOKの返事が届く。

ここで油断してはならない。

特に新人は有頂天になってせっかく通った企画が出版中止になることも多いからだ。

これはあなたを脅しているのではなくありのままの現実である。

どうしてせっかく通った企画がボツになるのだろうか。

それは企画が通ったことで目的が達成されて新人が腑抜けになってしまうからだ。

実際に本を1冊書き上げるには途轍もないエネルギーが要る。

100メートル競走というよりフルマラソンに近いかもしれない。

フルマラソンと違い数時間ではまず終わらないことを考えると、それ以上に持久力が求められるのだ。

それも単純作業ではない。

ビジネス系の作家はこれまでの自分の経験から知恵を捻り出して、編集者を唸らせる必要がある。

小説家は小説オタクである編集者を面白いと唸らせる必要がある。

短くて数週間、普通は数ヶ月、長ければ1年以上かけて脳みそに汗をかき続けなければ本にならない。

特に新人は出版社からＯＫの返事をもらったらやる気を表現しよう。

やる気とは、スピードと具体的行動のことだ。

編集者と具体的に「これをやる」と約束したことを、相手の期待を上回るスピードで仕上げよう。

明日までと約束したら本日中、来週までと約束したら明日まで、というように。

そうすれば編集者のやる気もアップして素敵な本が仕上がるはずだ。

61 編集者に求められる最重要能力は、〝目利き〟である。

さて、ここであなたに優秀な編集者とはどんな能力を備えているのかを教えよう。

あなたを担当する編集者が優秀なら、あなたもベストセラー作家の仲間入りを果たす可能性がグンと高くなる。

だから編集者は優秀であるに越したことはない。

100人の編集者がいればそこには1番から100番まで明確に序列がつけられるものだ。

答えは、〝目利き〟である。

何の目利きかと言えば、作家の目利きだ。

つまり「この作家は売れるか否か」を自分の好悪の感情を超越して目利きできるのが優秀な編集者である。

よく目立ちたがり屋の編集者が「あの本は俺が出した」「あの作家は俺が育てた」と吹聴しているが、言語道断も甚だしい。

これは私が職業作家になる前に複数の敏腕編集者から異口同音に教わった知恵だが、本のカバーに作家の名前が掲載されている以上、本は作家のものである。

換言すれば本がつまらないのは作家がつまらないからであり、本が面白いのは作家が面白いからだ。

もちろん編集や装幀そして営業のおかげで売れるか売れないかは大きく左右されるが、作家という種がなければ何も始まらない。

編集者の実力とは、作家という種の目利きなのだ。

私がこれまで出逢った中で文句なしの天才編集者はこう言った。

「ビジネス系の本は著者となる社長がぶっ飛んでいるか会社の中身が面白ければ必ず売れる。両方面白ければベストセラーになる」

確かに彼はベストセラーを連発していた。

あなたの担当編集者の過去の実績を調べれば目利きの偏差値はすぐにわかる。

62 最初の担当編集者とのやり取りは、あなたの記憶に一生残る。

今でも私は最初の編集者との仕事のやり取りが基準になっている。

彼がすべて完璧だったとは思っていない。

それは私が完璧には程遠い人間であるのと同じである。

しかし大いに学ばせてもらったし今でもそれが役に立っているのだ。

一生モノの宝を授けてくれたと感謝している。

すでに述べたように私は会社員時代に3冊の本を出した。

当時の私はすでにそれなりの地位と実績を築いていたためか、担当編集者は平ではなく最初から編集長だった。

出版社の編集長は本を出すことに関するほぼすべての実権を握っている。

そのため私は最初からとてもスムーズに本が出せた。

ありえないほどだ。

ちなみにアメリカの出版社は編集長の権限は桁違いに大きく出版のハードルもずっと高いから日本はお得である。

あなたも最初の担当編集者とのやり取りは大切な思い出として反芻してもらいたい。

自分の中に何かしらの基準ができれば、その後新しい編集者たちに出逢い基準の上にぶれてても下にぶれてても許せるようになる。

「こんな下品なメールを送ってくるけど、まあ平だから仕方ないか」

「締め切りを守れないとはヘナチョコ野郎だな。でも何だかんだで彼が担当した本は売れるから許そう」

「あの編集者が優秀過ぎたのか。よし、このヘナチョコ編集者を育ててやろう」

こんな感じに考えられるようになれれば、あなたも職業作家の仲間入りだ。

63 販促の一部費用負担を求められたら、その仕事を最後に絶縁しろ。

今から述べる内容は極めてシリアスなので心して読んでもらいたい。

商業出版で作家が本を出す場合は基本的に9割を出版社側が持って行くことになる。

正確には出版社は印刷代・校正者やデザイナーなど外注への支払い、さらにすべての送料も負担しなければならないため9割の利益が出るわけではない。

ただし一般に作家の1冊分の印税は、書店員が本を1冊売ってくれるたびに支払われる販売手数料よりも安いというのもまた事実である。

以上から何が言えるのか。

もしあなたからではなく出版社側から販促の一部費用負担を求められたらその仕事を最後に絶縁すべきである。

作家の取り分は本の販売価格の1割程度に過ぎないのに、それ以上の負担をさせるのは明らかに不健全だろう。

出版社も原点回帰して作家に頼らず自力で売る姿勢を見せるべきだ。

ここ最近は作家のＳＮＳのフォロワー数におんぶにだっこのヘナチョコ出版社も激増中で情けない限りである。

ただでさえ斜陽業界と言われて久しいのに、さらに自ら弱体化してどうするのか。

私がそうであるように、次第に作家自身が力をつけて出版社を介さずにコンテンツを配信するのが今後のスタンダードになるだろう。

きっとそんなに遠くはない将来アマゾンやそれに代わる外資系企業が台頭してきて、日本のコンテンツビジネスを根こそぎ奪われるのではないだろうか。

すでにアマゾンは出版社ではなくコンテンツを生み出せる作家に近づきつつある。

作家も自立しなければならないし、出版社も自立しなければならない。

もともとビジネスとは小さな市場を奪い合うものではなく、市場を広げて分かち合うものだ。

あるいは広大な市場を維持しつつ分かち合うものだろう。

市場が縮小しているというのなら、もうそのビジネスは終わっているのである。

市場を永遠に拡大し続けるのは不可能でも、知恵を絞って縮小を食い止めることなら不可能ではないはずだ。

もちろん現状に固執していては維持などできない。

紙書籍や電子書籍というパラダイムを突き破って、コンテンツというのは半永久的に不滅だと考えると可能性は無限大だ。

64

印税は、刷り部数で10％（税別）以上ならあなたが「先生」と認められた証拠。

職業作家を目指す人にとって印税についての知識は極めて重要になる。

ここから逃げてはいけない。

〝いい人〟を演じて「お任せします」と言ってしまうのは、自ら「私はアホです」と自己紹介しているようなものだ。

そんな醜態を晒すとここぞとばかりにあなたは徹底的に毟り取られるだろう。

そんな作家人生の汚点を断じて刻むべきではない。

では職業作家にとって適正な印税とはどのくらいなのか。

ズバリ、刷り部数で10％（税別）以上だ。

実際に売れた分しか支払われない実売ではなく、3000部刷ったら3000部分、5000部刷ったら5000部分、1万部刷ったら1万部分すべての印税をもらうこと。

それだけもらえればあなたは「先生」として認められたことになる。

これが7%や8%だと「二流、三流の先生」もしくは「そんなに期待できない作家」と評価されたと考えていい。

出版社も商売なのだから作家の評価をするのは当然である。

もちろんわざわざ口に出してそんな本音を漏らす編集者はいないが、お金ほど本音を露呈するものはないのだ。

出版社の規模や経営方針によっては、最初からすべての作家の初版は例外なく7%や8%に設定してある例もあるにはあるが、由緒正しい大手出版社はそんなケチなことはまずやらない。

あと注意しておきたいのは10%と見せかけておきながら、「保証部数」という文字が契約書に入っている場合だ。

「印税10%、保証部数7000部」と記載されていたら、たとえ1万部刷っても7000部分しか印税を支払いませんという意味である。

7000部売り切ったらそこから先は売れた分だけ10%ずつ支払ったり、残り3000部を刷り部数で10%支払ったり出版社によってバラバラだが、問題はそこではない。

1万部刷っておきながら7000部分しか印税を支払わないということは、最初から7%と記載すればいいところを、10%支払っているように見せかけていることが汚いのだ。

何社かと取引しているうちに次第にこうした小賢しさに気づかされるが、初期の頃はこれでほぼすべての作家は騙される。

この種の汚い出版社は概して規模が小さくてまともな職業作家とは取引できていないことが多く、弱々しい新人作家たちを相手に食い繋いでいることが多い。

稀に中堅規模でもこうした「保証部数」を突き付けてくる出版社もあるが、親会社のトップががめつかったりする。

以上を踏まえた上であなたが納得して取引をするのであれば、印税が7%だろうが8%だろうが、はたまた保証部数で何%だろうがお好きにどうぞ。

換言すれば比較的規模が小さい出版社でも刷り部数で10%以上支払う会社はちゃんとした作家たちと取引ができているということだ。

見ている人は見ているから。

65 複数社からオファーがあったら、躊躇せず一番好条件のところを選ぶべし。

何かを本気で成し遂げようと思うなら、最初の一歩目を踏み誤るべきではない。

これは私が出版デビューを果たす際に肝に銘じてきた信念だった。

それまで私は経営コンサルタントとして様々な組織に入り込んで経営の支援をさせてもらっていたのだが、最初の一歩目を踏み誤ってそのまま失敗に終わる例を嫌というほど目の当たりにしてきたのだ。

それを自分の人生で一番大切な勝負で活かさない手はないと思った。

だから複数社からオファーをもらったら躊躇せずに一番好条件のところを選んだ。

ここで妥協して決断を誤ると私の作家人生はすぐに終わると怯えていた。

まず私が熟考した上で判断し、次いで私の部下で最も優秀なメンバーに意見を仰いだところ、「ここ一択でしょう」と即答されて決断を下したのだ。

今振り返ってもあれ以上の決断はなかった。

もし決断を誤って他社にしていたら私の作家人生は大幅に狂っていたに違いない。

予定でもいいから初版発行部数や印税率といった、あくまでも条件を重視しよう。

「熱意では負けません！」「必ず売らせていただきます！」と叫ばれるよりも、黙って「初版部数×刷り部数で印税％」を一番たくさん払ってくれるところにしよう。

「初版部数×刷り部数で印税％」こそ、出版社の真の熱意なのだから。

一番好条件なところを選ばないともったいない理由は何もお金だけの問題ではない。

その出版社はきちんと売ってくれるからこそ優れた職業作家たちと取引ができていて商売が繁盛しており、その結果としてあなたに好条件を出せるということなのだ。

悪条件を饒舌で誤魔化すのは出版社に限らず詐欺師の常套手段だろう。

66
PDFでいいから、妥協せず「念校」を出してもらう。

念校の念は「念のため」とか「念を押す」の念である。

通常作家は脱稿してから出版されるまでの間に初校、再校と2回原稿のチェックをして加筆修正をする。

2回目の再校が仕上がるまでには校正者や出版社内の校閲も入り、誤字脱字がほとんどない状態まで仕上がっていることが多い。

もちろん人間のやることだからそれでも誤字脱字はゼロにはならないが。

作家によってはこの2回目の原稿チェックである再校で仕事は終了という人もいるが、私は3回目の原稿チェックである念校をPDFで出してもらう。

すでに初校と再校で熟読しているので念校では本当に私の加筆修正した部分がすべて反映されているのかだけをザッと、しかし丁寧にチェックするのだ。

そしてしばしばこの念校をチェックしている過程で、思わぬ誤字脱字や論理的矛盾に気づかされることもあってヒヤッとする。

出す本にもよるがざっくり言うと脱稿から初校まで2ヶ月、初校から再校まで2週間、再校から念校まで数日ということが多い。

ちょうどいい塩梅で睡眠を何度も挟ませながらフレッシュな頭でチェックできるので心行くまで磨き上げられる。

職業作家にとって出す本はすべて我が子同然だ。

編集者には妥協せず念校を出してもらおう。

まともな出版社のまともな編集者であれば作家が「念校を出してくれ」と頼んだのに断ることはないはずだ。

67
タイトル・カバーデザイン・帯・イラストは、出資者である出版社に任せる。

たとえば本書のタイトルは誰が決めているのか。

私ではない。

出版社が決めているのだ。

これは本書に限らずこれまでの私の本のすべてがそうである。

たまたま私の仮タイトルと一致した本も数冊、もしくは十数冊あったかもしれないが基本的には最終的に出版社が決めているのだ。

私が仮タイトルを必死で考えたのにそれを覆されて悔しくないのかと疑問に思うかもしれない。

しかし私は微塵も悔しくないのだ。

私が仮タイトルを考えるのはあくまでも私の執筆のためであり、本が売れるためではない。

少なくとも最初から「売らんかな」という金銭欲剥き出しでは執筆しないのだ。

以上はタイトルに限らない。

カバーデザイン・帯・イラストなども相手から求められてもいないのに私からは口を挟むことはないが、それはビジネスの構造上出版社が出資者だからである。

1冊の商業出版につき300万円かかるという話はすでに述べた通りだ。

300万円を投じたからにはそれを回収しなければ会社は倒産する。

だったら出版社が知恵を絞り、決定権を持つべきだ。

本が売れたら自分たちの成果、売れなければ自分たちの責任。

これはビジネスでも人生でも同じはずだ。

きっとそのほうが本も売れるし、私はこれからも出版社に委ねたい。

その代わり本の内容に関してはすべて著者である私の責任である。

面白ければ私の成果、つまらなければ私の責任。

シンプルだけど、それだけのことだ。

68

帯推薦は、ダサい。

これまた物議を醸すかもしれないが、帯推薦はやめよう。

ハッキリ言ってあの種の醜態を晒すのは四流の極致だ。

「○○教授絶賛!!」「◇◇社長推薦!!」と印刷してあると、もうそれだけで絶望的な自信のなさが伝わってくる。

実際にその○○や◇◇とは、各業界では嘲笑の的にされている四流ばかり。

ひょっとしたら元超一流の○○教授や◇◇社長もいるのかもしれないが、その場合はお金欲しさに誇りを捨てたと思われても仕方がないだろう。

きっと無名作家や四流作家は他人のブランドに便乗することで少しでも本が売れると思って本人や出版社が依頼するのだろうが、読者をバカにしてはいけない。

帯を見た次の瞬間、読者は著者名を素早くチェックして品定めをするのだ。

そして微妙にダサいカバーデザインやタイトルに加えていかにも作家が無名だったり四流だったりすると、「あらら」と思われておしまいである。

このどんよりとした筆舌に尽くし難い切ない空気を理解するためには、本を買う側の立場の人間にならなければならない。

私は作家になるまで膨大な本を購入してきたから、買う側の気持ちがわかるのだ。

私もこれまでに一度だけお手軽に「名前を貸してください」と懇願されて他人の本の帯に名前を掲載させたことがある。

約3万円もらったが、インターネット上でも使い倒されて激しく後悔したものだ。

黒歴史だと言ってもいいだろう。

言うまでもなく私の本に帯推薦を採用したことはないし、これからもあり得ない。もし私の本で帯推薦を採用し始めたら、「千田琢哉も耄碌したな」と思ってもらって結構である。

帯推薦に限らず誰かに媚びてお金を払ってまで推薦を捏造してもらう行為は、極めて卑しい猫騙しだ。

猫騙しは弱者が強者にインチキで勝つ方法だが、たとえ勝利しても白ける。

もちろんこちらが頼んでもおらず取引もないのに一方的に推薦されるのは美しい。

69 自分のSNSやホームページは2年以上前から仕込み、継続的に更新しておく。

誰にでも強要するわけではないが、もし苦にならないのであればSNSやホームページを所有しておこう。

それも本を出す直前だとか出したあとに慌てて準備するのでは遅い。

本を出す2年以上前から仕込んで育てておくことだ。

なぜなら2年前からスタートしておかないとあなたがかなりの有名人でもない限り、「やらないほうがマシ」な状態で本が発売されてしまうからである。

別に登録者数が数万人とかフォロワーが数十万人いる必要はない。

登録者やフォロワーを購入するなどインチキをしなければ数百人や数千人で十分だ。

誠実に登録者やフォロワーを集めた人は、たとえその数が500人や1000人であっても課金してくれる人の比率が高い。

そんなことは出版社の社員たちもよく知っている。

一時期自称インフルエンサーたちの本を出すのが流行った。

ところが彼ら彼女らは登録者数やフォロワー数が多い割には嘘のように本が売れず、自腹で数百冊や数千冊を購入してファンたちに配っていたものだ。

これは当たり前と言えば当たり前である。

登録したりフォローしたり「いいね！」を押したりするのは無料であり、本を買うにはお金を払わなければならないからだ。

無料で人を集める力とお金を払ってもらえる力はまるで違う。

以上を踏まえた上であなたは登録者やフォロワーからコンテンツを評価される存在になっておくべきだ。

そうすれば「今度本を出します」と告知しても購入してもらいやすい。

最初の1年間は試行錯誤しながら自分〝ならでは〟の勝ちパターンを掴み、次の1年でその勝ちパターンで質と量を高める。

きちんと継続的に更新しておくことで出版社も「この作家はちゃんとした人だな」と信頼するだろう。

なぜなら人は継続することがとても苦手な生き物だから、継続できる人をとても高く評価するからである。

小説の世界でも最近は新人賞を受賞した作家たちがSNSを始めるようになってきた。ちょっとしたコツを囁いておくと、三つ以上のSNSに同時に取り組んだほうがいい。コンテンツは同じものを循環させれば済むので、手間はそんなに変わらないだろう。これはどれが当たりやすいか、どれが自分に合っているのかを探るためでもある。

たとえばnoteとYouTubeのコンテンツを更新するたびにXで告知するというように。

70

誤字脱字は、何度も睡眠を挟んでランダムにチェックすると見つけやすい。

編集者や校正者任せにせず誤字脱字チェックは作家もしなければならない。

どこまでも人のやることだから他人任せにしていてはいい仕事などできないからだ。

作家は自分の名前で本を印刷される以上、誤字脱字もその作家の責任だと思われる。

これはもう仕方がないことだ。

そこであなたにとっておきの誤字脱字チェック方法を伝授しよう。

それは一気にすべてを完璧にやろうと思わずに、何度も睡眠を挟むことだ。

もちろん最初の一回目、もしくは二回目までは最初から最後まで読み通すのもいい。

しかし、三回目以降になると肉体的にも精神的にも集中力に限界を迎えるだろうし、さらに人それぞれ盲点のようなものがあるから何度読んでも見落としてしまうのだ。

だから回数を重ねるごとにマンネリを打破するためには、何度も睡眠を挟みながら、しかもランダムにチェックするのが効果的である。

たとえば原稿が200ページあるなら1ページ目からではなく適当にめくったところから読み始めるとか、今日は気分的に3の倍数で明日は素数のページといったように。

多作家であれば例外なく経験したことがあると思うのだが、著者見本が届いてパッと本をめくったらいきなり誤字を発見してしまう。

編集者や校正者や作家のチェックをすべて潜り抜けてきたミスだから逆に愛おしい。

そうした苦い経験を減らすためにも睡眠を挟んだランダムチェックは大切なのだ。

最近はAIが音読してくれるからそれも活用するといいだろう。

71

初版部数は、「あなたの価値はこれくらいですよ」という出版社の本音。

作家と雖もビジネスという大海原で勝負する覚悟が必要だ。

そのため愛情たっぷりに厳しい事実をお伝えしよう。

無事校了を終えて印刷・製本に入る前後に編集者から作家に初版部数が伝えられる。

初版部数とは最初に何冊まとめて本を作るか、の数だ。

最近だと特に鳴り物入りでもない新人の場合はビジネス系で3000～4000部、小説で2000～3000部くらいだろうか。

ビジネス系でも小説でも5000部以上でスタートならベテラン作家級である。

1万部スタートなら売れっ子作家級だ。

今はもう出版業界もすっかり斜陽業界になって久しいため通用しないが、かつては「初版部数が増え続ける作家を目指しなさい」とよく言われたものである。

昔は新人作家のうちは数千部スタートでも仕方がないが、売れっ子になったら1万部、数万部スタートしてもらえるのを目標にしたものだ。

特に紙書籍はこれからますます初版部数が減少傾向になるだろうが、それでも作家は初版部数こそが自分の価値だと知ることである。

出版社は初版部数を通して「あなたの価値はこのくらいですよ」と教えてくれているのだ。

初版部数には出版社の本音が詰まっているのである。

もちろん今後は電子書籍市場が増えることはあっても減ることはないだろう。

つまり初版部数や発行部数という言葉そのものが死語になる可能性がある。

電子書籍は紙代が不要のため本来は紙書籍の半額以下になってもいいはずなのだが、今のところ日本ではリアル書店への忖度なのかそうなってはいない。

それに紙書籍市場は減るとは言ってもゼロにはならないだろう。

機械式腕時計と同じく半永久的にマニアが購入し続けるはずだ。

今後作家は紙書籍の初版部数を減らされながらも、それよりかなり安価で販売される電子書籍から売れた数に応じて印税をもらうのが主流となる。

そうすると製本しなくてもいい電子書籍の印税額は入金額の30％以上が妥当だろう。

作家はボランティアではない。

初版部数が減らされるということは安く買い叩かれているということである。

それに気づかされると「じゃあ、文字数も減らそう」と考えるのも無理はない。

そうした作家の意欲の減退がますます出版業界を斜陽化させてしまう。

それを食い止めるためには電子書籍の印税率を今より上げて作家にいいコンテンツを捻り出させる必要がある。

これからの作家はそこまで考えて生きなければならない。

「自分は好きなことだけできればいいよ」と本気で考えていると、出版社のみならずあちこちから利益を毟り取られるだろう。

ここだけの話、私はそうした作家たちが業界から去っていくのを数多く目の当たりにしてきた。

だからこそあなたにはきちんとお伝えしておきたい。

作家は経済的に自立しているべきであり、できれば豊かな生活を送るべきだ。

そのほうが知恵を絞れるし子どもたちにとっても憧れの存在となる。

私は作家の社会的地位を今より向上させたい。

そのための第一歩は、作家の一人ひとりが初版部数にこだわる姿勢だ。

安く買い叩かれてヘラヘラ笑っていると、最終的にあなたは捨て駒のポイ捨て人生で終わってしまうだろう。

そんな人生はまっぴらごめんなら、お金を稼ぐことから逃げてはいけない。

〝いい人〟や楽なほうに逃げるな。
貪欲に稼げるほうに進め。

5

第1作目を重版させる

72 書店に並ぶ前に、勝負はもう決まっている。

最近は特にそうだが、結論が出るのがとても早くなった。

書店の数も売り場面積も減っているのに出版点数が増えているからだ。

回転率を上げて「死に筋商品」を素早く返品して「売れ筋商品」だけを並べなければ書店が潰れてしまう。

書店に並ぶ前にはもう勝負は決まっていると考えるくらいでちょうどいい。

つまりこういうことになる。

第1作目を重版させたければ書店に並ぶ前までに誰が、何を、いつまでにやり切るかを明確にしておくことが決め手なのだ。

たとえばあなたがセミナー講師をしていたとしよう。

仮タイトルが決まったらその時点ですべてのセミナーでそれを告知し、テキストにも掲載する。

メルマガを配信しているのであればそこでも随時告知しよう。

あなたに恩がある人で「もし私に何か手伝えることがあれば協力させてください」と言ってくれる人がいれば、こういう時にこそ助けてもらうべきだ。

さらに編集者に「10冊以上仕入れてくれた書店さんにはＰＯＰに直筆サインをします」と伝えて熱意をアピールしておく。

出版社の書店営業係に何か自分が協力できることはないかも、編集者を通して早めに訊いておこう。

ちなみに無名な新人作家が良かれと思って勝手に書店巡りをすると迷惑がられるのでそれだけは控えるべきだ。

後々振り返って「あれをやっておけばよかった」と後悔しないようにやり切ろう。

どうせなら「あれはちょっとやり過ぎたかな」と後悔することだ。

73 書影が届いたら、SNSやホームページで爽やかに告知しよう。

本の印刷がスタートする少し前に書影が届く。

書影とはネット書店で掲載されるようなカバーデザインの画像のことだ。

これをあなたのSNSやホームページに掲載すると一気に格調高くなる。

かつて私の取引先の社長が「出版は男のロマンです」とポロリと本音を漏らしたが、「素直な人だな」とますます私は彼のことを好きになった。

彼は某国立大学理系学部を出て大手メーカーでエンジニアをしていたらしいのだが、精神が破壊されそうになって独立して起業した人物だ。

そんな彼の夢はいずれ世間から注目される社長になって商業出版を果たしたいというものだった。

今のところ彼はまだその夢を果たせていないようだが、そういう志で日々生きるのは素敵だと思う。

換言すればあなたが作家として第1作目を出版するという現実は、そのくらい世間から憧れの的として映るのだ。

ぜひ爽やかに告知して堂々と人生のグレードをアップさせてもらいたい。

よく言われる言葉だが出版は個人のＩＰＯである。

世間に向けてあなたの第1作目の書影を公開した瞬間、その言葉の意味が全身の細胞で理解できるはずだ。

私もそうだった。

嘘偽りなく「嗚呼、生まれてきて良かった。お父さん、お母さん、本当に、本当に、産んでくれてありがとう」と一点の曇りもなく感謝したものだ。

私が脱サラ直後に途轍もなく心の支えになったのは、会社員時代に出しておいた3冊の書影だった。

あの3冊のおかげで複数の東証プライム上場企業の代表取締役からアプローチがあったのだから。

74 ビジネス系なら、初版の印税を日経新聞半五段広告に投じる価値あり。

少しでもあなたが躊躇うのならやめたほうがいいと思うが、初版の印税を新聞広告に投じる手もあることをお伝えしておこう。

ビジネス系なら日経新聞半五段広告一択だ。

その場合は出版社と負担し合うことになると思うが。

これ以外の新聞広告はお金をドブに捨てるようなものだから私なら絶対にやらない。

ただしこれは新聞広告全般に言えることだが、十数年前は重版の決定打になることはあったが現在はそこまでの効果は期待できないと考えよう。

たとえ日経新聞半五段広告を最高のタイミングで掲載したとしても、である。

ネット書店のランキングが一時的に急上昇することはあるかもしれないが、必ずしもそれがそのまま重版に繋がるとは限らないのだ。

厳しいけれどそれが現実である。

要は何か一つに賭けるのではなく「有機的に繋がるように」することが大切なのだ。出版社側の地道な書店営業と作家のＳＮＳやホームページの告知力、それ以外のすべての組み合わせで重版に繋げるしかない。

本を売るためだけに作家をテレビに出しまくるというのはやり過ぎだと私は思うが、それでもあなたがやりたければやればいいのだ。

いずれにせよそのための大きな手助けとなってくれる駒の一つが日経新聞半五段広告である。

いつまで効果が期待できるのかまでは予測できないが、勝負をかけてみるなら今すぐ編集者に相談してみよう。

75

〝売れないモード〟になってから慌てても、ご臨終。

商業出版はビジネスである。

この事実はいくら強調しても足りないくらい大切なことだ。

ビジネスというのは儲けてナンボの世界だから儲からないのは悪である。

もっと言えば、儲からなければ何もしないほうがマシだ。

ここに議論の余地はない。

すべての作家にとって第1作目は特別なものであり、重版がかからないと一気に流れが悪くなってしまう。

つまり作家人生が終了する可能性が極めて高くなる。

今から肝に銘じておいてもらいたいのは、〝売れないモード〟になってから慌てても遅いということだ。

出版社もそれは嫌というほどわかっている。

だから〝売れないモード〟に突入してからいくら販促を頑張る提案をしても無駄だ。

出版社も編集者も書店営業もとっくに次の作品に狙いを定めており、あなたの作品は「死に筋商品」と確定している。

ではそれが確定するのはいつなのか。

通常は書店に陳列されてから1週間後、甘く見積もって2週間後だ。

発売後2回目の土日が過ぎたら結論が出る。

出版社はパブラインで実売数をまめにチェックしており、2週間以内に配本したうちの20％以上が売れれば重版をかけられることが多い。

数％だとご臨終だ。

ビジネスとはそういうものである。

念のため重版出来の「出来」は「でき」ではなく「しゅったい」と読む。

76 アマゾンキャンペーンは、もはや逆ブランディング。

絶対にやめろとは言わないが、アマゾンキャンペーンはもはや逆ブランディングだ。見ていて痛々しいし、四流っぽく見える。

10年前ならギリギリセーフだったが、今では「またか」とウンザリされるだろう。

それにここ最近はアマゾン自身が発売前にフォロワーや興味のありそうなユーザーに対して一斉告知してくれるようになった。

多くの新人作家たちにとっては自力でショボいアマゾンキャンペーンをやるよりも、アマゾンがやってくれている一斉告知のほうが効果的なのではないだろうか。

さすが名門プリンストン大学卒のジェフ・ベゾスである。

彼が筋金入りの顧客第一主義であり顧客のことを誰よりも深く考え抜いていることは周知の事実だが、そんな彼が顧客のことを思ってやってくれているのだからあなたがキャンペーンをやってもほぼ無意味なのだ。

それに今の世の中には〝やらせ〟が多過ぎる。

アマゾンの売上順位のアルゴリズムがベールに包まれているのは有名だが、ここでもジェフ・ベゾスの顧客第一主義が徹底して貫かれているのは間違いない。

〝やらせ〟をどんどん排斥するようになっているからだ。

アマゾンキャンペーンは〝やらせ〟の極致である。

アマゾンキャンペーンをやっているとそれだけで詐欺師に見えてしまう。

以上を読んでもアマゾンキャンペーンをやるという人は、それはそれで素晴らしい。

「……にもかかわらず、やる」という姿勢は一つの立派な決断だからだ。

77 他者に販促の借りを作るのは、借金と同じ。

これは私自身も含む周囲の作家たちからの一次情報の集大成だが、第1作目を売ろうと躍起になって周囲に借りを作り過ぎるのは危険だ。

身内に何百冊と買い取ってもらったりそれほど親しくもなかった知人に執拗に頼んで近所の書店に並べてもらったりした場合、あなたはかなりの確率で相手に嫌われる。

相手は「ところでどんな恩返しをしてくれるのだろう」と毎日複利で期待を膨らませ続けるのに対して、あなたは「ありがとう」でお手軽に済ませようとするからだ。

ただでさえあなたは出版という夢を叶えて有頂天になっているのだから、より周囲を敵に回しやすい。

特にあなたと同等以上と思い込んでいた人々は敵に回りやすいと考えるべきだ。

人というのは身近な存在で自分と同等以下だと思い込んでいた相手が出世して自分を追

い越すと、ありとあらゆる手段を使ってでも足を引っ張りたくなるものである。

本を出しておいて身近な人たちから嫉妬されないというのは不可能だから、それなら最初からその種を蒔かないことだ。

他者にお願いをするのはあなたに対して明らかに恩がある相手だけに限定しよう。

断る理由のない相手だ。

それ以外は借りを作るべきではない。

他者に販促の借りを作るということは、借金をしたのと同じだ。

概して中途半端な協力や一桁少ない援助をする連中ほど恩着せがましい。

予めそれを知っておけばその種の人々と関わらなくて済むはずだ。

78

第1作目が売れることと、SNSとホームページの繁盛が2作目へのマーケティング。

職業作家になるためには2作目を出さなければならない。

それも、何としてもだ。

新人作家が2作目を出せる確率はどのくらいだろうか。

出版業界で働く人々の生の声を集約すると約20％ということになる。

めでたく出版デビューを果たした作家が2作目を出せるのは五人に一人なのだ。

それではどうすれば2作目のチャンスを獲得できるのか。

呆れるほどにシンプルだが、1作目が売れることである。

さらにSNSをやっていたりホームページを所有していたりする作家はきちんとそれらを繁盛させることだ。

今自分にできることを徹底的にやり切る。

これ以外にできることはないし、やる必要もない。

1作目が売れれば間違いなく出版社からは2作目の声がかかるだろうし、仮にそれほど売れなかったとしてもSNSやホームページを頑張っていればチャンスをもらえる。

より具体的にお伝えしよう。

1作目が3刷になったらほぼ確実に2作目の声がかかり、2刷だとボーダーラインという感じだ。

ちなみに私の第1作目は5刷だった。

3刷は確実に売れている証拠だが、2刷というのは単に初速の勢いだけだったりとても今後継続できるとは思えない作家個人の渾身の販売協力だったりするからである。

頼りないギリギリの2刷だとお情けで2作目を出せば出版社はそのまま赤字を被るからそれを避けたいのだ。ビジネスだから当然だろう。

だからこそ作家はSNSやホームページを日々繁盛させておきながら、販促力があるのを口ではなく行動と習慣で示さなければならないのである。

要はその場だけ瞬発的に頑張るのではなく継続力で信頼を勝ち取らなければならないという当たり前の話だ。

79

献本は、おススメしない。

多くの出版社や作家のアドバイスに反するかもしれないが、あえて述べておこう。

直截簡明にお伝えすると、献本は金輪際やめるべきだ。

私がこれまでに密室で語り合った信頼できる職業作家や出版社の経営者や社員たちも同じ意見だったが、お手軽にホイホイと献本をすることで作家も出版社も出版業界も自分で自分の首を絞めている。

自ら「本は無料で手に入る」と宣伝してどうするのか。

本を1冊作るのはとても大変な作業だし、どう考えても本の値段は安過ぎるだろう。

さらに献本した相手が上から目線で誤字脱字の指摘をしてきたり頼んでもいないのに批判を浴びせてきたりする。

無料で配布すると相手をつけ上がらせてしまうことを肝に銘じるべきだ。

この献本という名の無料配布を数千の出版社に勤める数万人や数十万人の社員たちで良かれと思ってやっているとしたら、狂気の沙汰としか言いようがない。

私自身も第1作目でそれをやらかしたからせめてあなたには私と同じ過ちを繰り返してもらいたくないのだ。

献本した相手の中には第2作目を私が出した際に「千田さん、今回の本は買ったほうがいいですか？」とわざわざ連絡をしてきた人が複数いた。

その連絡を受けた私は「これは私の責任だ」と猛省したものだ。

出版業界は勇気を出してこの悪しき慣習を捨てない限り未来はないだろう。

以上を踏まえた上で第1作目では実際に自分でやってみなくてはわからないだろうから、ジャンジャン献本してみるのも悪くない。

自分で実際に痛い目に遭って私のアドバイスの深さが理解できたら二度と同じ過ちを繰り返さないことだ。

自分で自分の社会的地位を下げてはいけない。

80 無名作家の書店訪問やサイン色紙の配布は、迷惑行為。

誠に申し上げにくいことだが、どうしても述べておかなければならないことがある。

特に報われない努力家さんは虚心坦懐に読んでもらいたい。

無名作家が勝手に書店訪問してサイン色紙を配布して回るのは迷惑行為だ。

最悪の場合は書店員から出版社にクレームが入る。

なぜなら無名作家のサイン色紙を書店で飾るわけにはいかないからだ。

そんなことをすればごく限られた売り場面積が圧迫されてしまうし、他の人気作家の本が隠れて見えなくなると売れない危険も出てくる。

将来あなたが大手書店の書棚に自分の名前が書かれたプレートが挿し込まれるようになったらやってもらいたい。

「赤川次郎」「東野圭吾」「村上春樹」とプレートが挿し込まれている、あれだ。

あの域まで達するにはミリオンセラーを出してからも5冊以上の著書を出しているか、もしくは著作数がごく短期間のうちに50冊を超えている必要がある。

プロスポーツ選手なら間違いなくスタメンレベルだ。

過半数の大手書店のビジネス系コーナーの書棚には、私の名前が書かれたプレートが挿し込まれている。

それは私がそうなるように計画を立ててその通りに行動し習慣化したからだ。

今振り返ると私も赤面するほど迷惑行為をしていた。

名もなく貧しい頃からあちこちの書店を行脚して、超多忙に働く書店員を呼び止めて小さな色紙をせっせと配り歩いたものだ。

だからこそあなたには私と同じ過ちを繰り返してもらいたくない。

81 人生最初で最後、チームを組んでリアル＆ネット書店で購入するのも有効だ。

こっそり囁いておきたいのが、第1作目を最初で最後としてチームを組んであくまでもお客様として自著を購入するのもアリという知恵である。

ただしこれは中途半端にやっても意味がない。

どうせやるなら必ず重版を実現させるように徹底的にやろう。

具体的には三人以上で東京・名古屋・大阪の主要書店巡りをして別々に購入することである。

できれば一日ずらして購入したほうがいいだろう。

あなたの第1作目は大手書店であれば5冊仕入れてもらって平積みか面陳されていれば御の字だが、それらを3日連続で1冊ずつ購入すれば追加で仕入れてもらえる可能性がグンと高まるというわけだ。

1冊だけ棚挿しされている場合は購入しても「あ、無名作家の本が売れて良かった」でおしまいの可能性もあるので、できれば平積みか面陳されている書店を調べておくといいだろう。

真剣な眼差しで編集者に「生まれて初めて自分の本が並べられているのを見たい！」「できればお客様として1冊購入して帰りたい！」と伝えれば教えてくれるはずだ。

別にお客様として本を購入するのは違法でもなければ悪いことでもないのだから。

家族や仲間に協力してもらって東京30店舗、名古屋10店舗、大阪10店舗ほど回れば、出版社から「売れていますよ」という吉報が入る可能性が高まる。

同時にネット書店はすべて別のアカウントから午前中・夕方・夜に分けてこれもまた複数で注文して高順位を維持しよう。

一気にまとめて購入するのではなく必ず1冊ずつ時間を置いて注文することが大切だ。

参加人数は多ければ多いほどいい。

発売の時期によって状況は異なるが、三人で毎日せっせと午前中・夕方・夜に分けて「三人×3冊＝合計9冊」購入し続ければ「悪くない」と出版社に判断され、二桁人で同じことをすれば確実に「売れている」と判断されるはずだ。

実は私も第1作目では同じことをやった。

本当に楽しかったし今振り返っても良き思い出だ。

もし編集者が何かを察して「ひょっとして自腹で購入されています?」と問われたら、正直に「はい」と答えればいい。

まともな人間であれば微笑んでくれるに違いないから。

最後にもう一度念を押しておく。

以上のアイデアは第1作目を最初で最後としてもらいたい。

邪道は邪道だから。

あなたには将来二度とそんなことをしなくてもいい職業作家になってもらい、執筆にすべてを注いでもらいたい。

82 「あなたの本をベストセラーに」という営業メールは、即着信拒否に設定せよ。

SNSやホームページであなたが第1作目の書影を掲載してしばらくすると、「あなたの本をベストセラーに」という営業メールが届き始める。

要はあなたの出版に便乗して暴利を貪ろうというジャンクメールだ。

もちろんあなたはこの種のメールをまともに相手にしてはならない。

即着信拒否に設定することだ。

つい心細くなってこうした連中に関わると「カモネギリスト」に入れられてしまい、今後ずっとあちこちの詐欺業者からジャンクメールが届き続けるだろう。

その種の業者というのは第1作目を出したばかりの新人作家なら事情がよくわからないだろうと見下しており、簡単に騙せると思っているのだ。

サービスメニューは数段階に分かれており数万円のサービスと見せかけておきながら本

命の数十万円コース、場合によっては数百万円コースをゴリ押し営業してくる。

もちろん成果など出せなくても奴らは売り逃げするのだ。

こうしている間にも新人作家はほぼ毎日生まれ続ける。

そこでその中で飛び切り無知蒙昧なバカを見つけて餌食にしてやろうと目論んでいるというわけだ。

著者と出版社で成すべきことを成さずに浮気することはやめよう。

努力しない愚鈍な受験生が参考書や塾・予備校をコロコロ変えてばかりいて、肝心な学力が永遠につかないのとまさに同じである。

その種の愚鈍な受験生と家族はどんどん悪徳業者に深入りしてしまう。

そんな愚かで醜い人生を繰り返してはいけない。

83

ライバルが「真似できない」「真似しにくい」「真似したくない」ことをやれ。

これは出版に限った話ではないがビジネスで勝ちたければ以下の三つのうちどれかで勝負するしかない。

それは自分の競合が「真似できない」「真似しにくい」「真似したくない」と感じるいずれかで勝負することだ。

「真似できない」というのは競合が「これは実力が全然違う」と一瞬で諦めてくれる圧倒的実力を見せつけること。

たとえば著者が「東大」×「首席」×「マッキンゼー」という経歴の持ち主だとか、財閥系のご子息ご息女でコネとカネがいくらでもあるというものだ。

もはや努力でどうにもならず競合が撤退するしかない。

「真似しにくい」というのは競合が「やろうと思えばできるかもしれないが、とても時間と労力がかかって面倒臭いな」と諦めてくれる努力の賜物を見せつけること。

たとえば著者が毎日早朝6時にメルマガを配信し続けて登録者数1万人を誇るだとか、セミナー講師をしており全国行脚して愚直に売り歩きできるというものだ。

「真似したくない」というのは競合が「さすがにあそこまでして成功したくない」と嫌がってくれるカッコ悪いことでもやること。

たとえば著者が小馬鹿にされながらも大勢の人々から愛される経歴の持ち主だとか、自著を全部買い取って自力で売り捌くというものだ。

すでに察しの通り「真似できない」→「真似しにくい」→「真似したくない」の順に能力よりも精神力と体力が求められるようになる。

しかしビジネスの世界ではこのグラデーションの中のいずれかで勝負するしかない。

そして「真似できない」ことほど途轍もない時間と才能を要し、「真似したくない」ことほど誇りさえ捨てれば今すぐできることが多い。

84

たまたま立ち寄った書店で平積みされていたら、1冊購入して帰ろう。

これは私が今でもたまにやることだが、偶然立ち寄った書店で自分の本がいい感じに平積みされていたら1冊購入して帰る。

その書店に対して「素敵に並べてくれてありがとう」という感謝を込めてと、これが呼び水になって重版に繋がったらいいなという淡い期待も込めてだ。

少なくともこれを習慣にしていると直接重版に繋がるか否かは別として、その書店においては本を追加で注文してくれる可能性は高まる。

通常平積みや面陳されるということは5冊〜10冊仕入れてくれていることが多い。

仮に5冊仕入れてくれていて2冊売れていたとしよう。

今、あなたの目の前にはあなたの本が残り3冊置かれている。

あなたがそのうち1冊を購入することで在庫は2冊となり合計3冊売れたことになるわ

けだから、書店としてはデータを見て「この本は売れる」と判断して追加されるというわけだ。

昨今は本が売れなくなっているからこそ1冊の重みが大きいとも言える。

そもそもこの世で一番かわいいはずの自分の本すら自腹で購入できないような人は、お客様から本を買ってもらえるとは到底思えない。

これは罰が当たるとかスピリチュアルな話ではなく、お金を払うほどの価値がないと思っている仕事に自分が携わっている姿勢が読者に伝わるということだ。

セールスパーソンでもこの種の輩はたくさんいるだろう。

自分だったら絶対に買わない商品を平気で相手に売りつけようとする連中が。

作家もそうなってはいけないということだ。

特に文章というのはその人の心の内奥が露呈する。

それはお金を払ってまで読んでくれる読者に１００％伝わるだろう。

85 もし書店や出版社にイベントを依頼されたら、積極的に協力しよう。

あなたが人前に出るのが苦手だとか嫌だというのであれば無理強いはしないが、もし書店や出版社にイベントを依頼されたら協力したほうがいい。

特に第1作目でそれをやる機会が他者から与えられるのはとてもありがたい話だ。

たとえば一度でも書店から依頼されたイベントに協力すると、今後あなたの出す本が依怙贔屓されて置いてもらえるようになる。

私の場合はジュンク堂書店がそうだった。

昔からジュンク堂書店にはお世話になったし、妙にあの空気感が好きだったのだ。

そのためオファーがあった時には「あ、引き受けなきゃ」とゼロ秒で承諾した。

それ以来私は自分が出版したからという理由だけでイベントは引き受けていないが、今でもジュンク堂書店では私の本が見事に陳列されている。

ありがたい話だ。

もちろんあなたも同じように依怙贔屓してもらえる書店を増やしてもらいたい。

そのためには依頼されたイベントを引き受けることが近道だろう。

私の第1作目は会社員時代に出したという話はすでに繰り返し述べた通りだが、ここで私〝ならでは〟の会社の使い倒し方を披露しておく。

当時私がいた会社ではリーダー職になったら自由裁量でセミナーを企画できた。

そのため、というより最初からそれだけを狙って私はその会社に転職したわけだが、常軌を逸するほどに第1作目の解説セミナーを開催しまくったものだ。

建前上はコンサルティングの受注のためのセミナーだったが、本音では本が売れればそれで私は御の字だったのである。

むしろ私はさっさと会社を辞めたかったので、仕事を依頼されそうになったら「本を読めばわかりますよ」と受注しないように相談者たちを突き放していたくらいだ。

第1作目はどんどん売れて社内は嫉妬の渦が巻き起こったがすべて薙ぎ倒してやった。

第1作目の書影をそのままセミナーのＤＭの表紙にドカンと掲載して、数千枚、数万枚とばら撒いたのである。

第1作目のＤＮＡを地球上の隅々まで告知してやろうと。

このように何年も前から計画を立てるとか、今いる環境を徹底的に活かすというのは優雅に勝つための必須能力である。

チャンスが近づいてきたらそれを掴む瞬発力と、それを掴み続ける持久力が必要だ。

運命を変えるチャンスの前では、安っぽい道徳論は勇気を出して捨てるべきである。

どうかあなた〝ならでは〟の勝利の方程式を編み出して勝利してもらいたい。

86

ここだけの話、作家自身が開催する出版記念パーティーは迷惑。

他者に依頼されてやるならともかく作家自身が晴れ舞台として出版記念パーティーを開催するのは卑しい。

率直に申し上げて迷惑である。

特に無名作家が出版記念パーティーを開催して友人知人を半強制的に参加させるのは愚の骨頂だ。

見ているこっちが恥ずかしくて目も当てられない。

自分では良かれと思っていても、嫌われる上に敵をどんどん増やすことになる。

面と向かっては誰も言わないだろうが、結婚式や葬式と同じで「ちぇっ、忙しいのに貴重な時間を奪いやがって」と憎まれているものだ。

私が会社員時代に第1作目の書影をそのままＤＭの表紙にしたセミナーを開催したの

は、出版記念セミナーではなくコンサルティングの受注のための高額セミナーだった。

千数百円の本を購入してもらうためのものではなく、その先にある数千万円の仕事を受注するためのものである。

少なくとも世間的にはそう見せなくてはならなかった。

だから参加者に対する見え方も出版記念パーティーとはまるで違う。

むしろそのほうが本はとても安く見えて売れるのだが、個人で同じ効果を期待できるセミナーを開催できる人は少ないはずだ。

パーティーでもセミナーでもそうだが、自分で開催するのではなく他者に懇願されてやらせてもらうほうが断然いい。

そうすれば集客をしなくてもいいし、「先生」として尊敬されて感謝もされるから。

87

講演が好きな人は、ガンガンやろう。

特にビジネス系の作家は講演ができると強い。

本当に売れるコンテンツを発信できる大物作家であれば講演をしなくても売れるが、そうではない普通の作家は講演ができたほうが売れるからだ。

私も会社員時代と独立後には200回を超える講演をこなしてきた。

講師としての評価は最初から滅法高くてアンケート結果も常に最高レベルだったが、私は講演が嫌いだったため軌道に乗ったらその時点で卒業しようと決めていたのだ。

講演は本と違ってとても楽に稼げるのだが疲れる。

あちこちに東奔西走しなければならず講演時間よりも移動時間のほうが長い。

それがどうしても私の性分に合わないのだ。

本はいつでもどこでも没頭して執筆できるから私の天職だが。

だが初期の頃は私にとって講演は努力をしない割には評価されることであったのでガンガンやらせてもらった。

講演が大嫌いというわけではないが、執筆に比べたら全然楽しくないのだ。

そんな私からのアドバイスとしては講演が好きな人は迷わずガンガンやればいいし、今は苦手でも講演に憧れがある人は挑戦したほうがいいだろう。

コンテンツ力が同じだった場合、講演ができる人のほうが圧勝するから。

ここだけの話、多くの人にとってはコンテンツ力を向上させるよりも講演のスキルを向上させるほうが桁違いに簡単だ。

それは両者のトップ水準の人々の経歴を虚心坦懐に眺めれば誰でもわかるだろう。

講演のスキルを上げようと思うなら、「自分と経歴と容姿が似たタイプ」のモデルを探してそっくりそのまま真似をすればいい。

最後の最後まで真似できなかった部分があなたの個性になる。

88 取材・インタビューのオファーがあれば、1年間は引き受けよう。

最初にお断りしておくが、取材・インタビューの世界ではプロがほとんどいない。

私はこれまで三桁の取材・インタビューを受けてきたが、「プロだな」と感じたのは朝日新聞と集英社のインタビュアーだけだった。

いずれも顔写真がドカンと掲載されたきちんとした記事になったが。

それ以外のインタビュアーはどれも普通、もしくは不合格だ。

なぜそんなことがわかるのかと言えば、私自身が会社員時代に3000人以上の経営者と1万人以上のビジネスパーソンの取材・インタビューをこなしてきたからである。

概してそのインタビュアーの属する会社の規模と質は比例していた。

一流企業のインタビュアーは一流、三流企業のインタビュアーは三流だ。

会社の格が高くなればなるほど容姿も学歴も性格も美しく、格が低くなればなるほどその逆だった。

就活の面接官たちも捨てたものじゃないと唸らされたものだ。

基本的にインタビュアーたちの多くはハズレなのだと予め理解しておけば、あなたも余計な期待をせずに済むからストレスも溜まらないだろう。

以上を踏まえた上でそれでも取材・インタビューは引き受けよう。

できれば出版社経由で依頼された場合、1年間は引き受けたほうがいい。

最近は紙面上よりもインターネット上への転載のほうが効果はあるかもしれないが、いずれにしても取材・インタビューを受けないことには何も始まらない。

何度か受けているうちにひょっとしたら出版に繋がるかもしれないのだ。

私も取材・インタビューから出版に繋がった例が一つや二つではない。

しかもそのうちいくつかが長いお付き合いになったこともある。

89 実売数は、編集者に訊けば教えてくれる。

出版業界の悪しき慣習には驚かされることがいくつもあるが、ここでは「公称部数」について述べよう。

公称部数と発行部数は同じこともあるが、多くの場合は違うものだ。

公称部数とは「本当は7万部しか発行していないけど10万部突破にしておこう」という嘘である。

出版業界ではそういうのを嘘だとは思っていない。

むしろ嘘も方便だと開き直っているくらいだ。

雑誌や新聞だとこの公称部数による嘘はもっと凄まじい。

そうやって公称部数を増やしておけば広告料を吊り上げられるからである。

最近はインターネットで暴露されて広告主を騙せなくなりつつあるが、

かつてビジネス系の本でミリオンセラーを出した会社の編集者に「あの本、めでたく100万部突破したみたいだね」と言ったら、ギクッとした表情もせずに「ああ、あれは公称ですよ。実際の発行部数は60万部弱じゃなかったかな」と言っていた。

その後私は様々な出版社の編集者に演繹的に同じ質問をそれとなくしてきたのだが、全員例外なく「そんなに公称部数って悪いことですか？」という顔をしていたものだ。

そんな調子だから業界全体が揃って仲良く地盤沈下しているとも言えるが。

さてあなたは公称部数でもなく発行部数でもなく、さらにもっと厳しい「実売数」を気にしよう。

実売数とは発行部数のうち実際に本が売れた数のことだ。

5000部刷って発行しても1000部しか売れないこともあるし3000部売れることもある。

もちろん5000部すべてが完売することもある。

「実際には1000部しか売れていないのに発行した5000部分の印税をもらえて自分はラッキーだ」と喜んでいる場合ではない。

出版社は実売のデータをパブラインで日々まめにチェックしており、「あらら、この作家は1000部しか売れないヘナチョコだな」と冷徹に評価を下す。

つまり実売数によって次の出版のチャンスが与えられるかどうかが決まるし、たとえチャンスが与えられたとしても次の作品の初版部数が大幅に減らされるのだ。

この実売部数は編集者に訊けば教えてくれる。

多くの作家は発行部数がそのまま実力だと思っているから、実売を知るとショックを受けるだろう。

だからこそあなたは実売を知るべきである。

そうすれば出版業界のぬるま湯に甘えることなく強く生き抜くことができるからだ。

何か大きな夢がある人ほど厳しい現実から目を背けるべきではない。

何事も現実を直視することからしかスタートできないのだから。

90

もしお好きなら、地道に手売りするのもいい。

ここ最近は泥臭いことをする人が激減した。

誰だってきついことは嫌だし断られるのは辛い。

だが冷静に考えてもらいたい。

だからこそ希少価値があって際立つことができると言えよう。

その一例が地道に手売りをすることだ。

路上販売や訪問販売まではやらなくてもいい、もしくはやらないほうがいいだろうと思うが、たとえばセミナー講師や勉強会を開催したら受付などで販売してはどうか。

私が会社員時代に自分がセミナー主催者をしていた時期があった。

その頃に出逢ったゲスト講師の中でも会社経営者兼作家たちの多くはセミナー会場で手売りしていたものだ。

当時は「そんなことをしたら威厳がなくなるのに」と思っていた。

だがそれから10年や20年経って振り返ってみると、あのように地道に手売りしていた人たちはかなりの確率で今も生き残っていると言える。

点で見れば例外は複数いるが点の集合である面で見れば地道に手売りしていた作家が残っているのだ。

もちろんそんなことをしなくても売れる人は売れる。

しかし多くの作家たちは純粋にコンテンツ力だけで勝負するのはかなり苦しい。

だったらそれを補うために＋αで何かをするしかないだろう。

インターネットが浸透しＡＩ化が進む現代だからこそ泥臭さが際立つ。

ここは一つ、逆転の発想であえて時代に逆行してアナログで攻めてはいかがだろう。

91 大江健三郎でさえ酷評されたのだから、あなた如きが酷評されるのは当たり前。

巷では国語の偏差値20や30の自称評論家がノーベル文学賞作家の酷評をしている。

世界的なベストセラー作家の作品を読んでいないのに星一つをつけながら罵詈雑言を浴びせてルサンチマンを炸裂させている輩も多い。

ひょっとしたらあなたも人知れずそうした卑しい行為をしてはいないだろうか。

ここで私が述べたいのはそうした卑しい行為をしてはいけませんよという道徳論ではない。

あなたもめでたく作家になって第1作目を世に出したら、これまで批判してきた側から批判される側になるということを忘れてもらいたくないのだ。

これればかりはもう避けられない。

もし批判されることでやっていけないような人であれば作家は向かないだろう。

作家に限らず何かの分野で成功するということは、見ず知らずの人からも批判されるということだ。

一番驚くのは身近な人たちも嫉妬して足を引っ張ってくることだろう。

親友や家族、信頼していた同僚などがその典型だ。

人はどこか遠くの成功者に嫉妬するのではない。

身近な人が成功者の仲間入りを果たすのを目の当たりにすると殺したくなるものだ。

どうか忘れないでもらいたい。

あの大江健三郎でさえも酷評されたのだ。

あなた如きが酷評されるのは当たり前すぎて欠伸が出る。

私自身は酷評されると「今回もいい仕事をした」と熟睡できるタイプだ。

酷評されるということは、同時に別の誰かから応援されているということでもある。

これはお約束しよう。

92

2刷では、足りない。

すでに述べたが確実に第2作目に繋げたければ2刷では甘い。

もちろん2刷でも第2作目に繋がることもあるにはある。

しかし「重版がかかったよね」というのが2刷だとすれば、「あの本売れているよね」というのが3刷の評価だ。

2刷になってそれでおしまいという本はとても多いが、3刷が4刷や5刷に繋がることは非常に多い。

どうせなら「ベストセラー」と社内で評判になるほうがいいだろう。

そうすれば担当編集者も鼻高々だし営業部隊も頑張ろうと思うはずだ。

編集長も「あの作家に次の作品を書かせろ」と編集者に指示するから放っておいても次の本を出せるというわけである。

実際に私がそうだった。

私の第1作は5刷までかかり累計発行部数は1万3000部だ。保険業界に特化したビジネス書としては異例のベストセラーとなった。担当してくれた編集長は社内で表彰されたらしく、これは本人からも直接聞いたし、その後私が独立してから同じ会社の編集者たちからも異口同音に聞き及んでいる。

以上を読むとトントン拍子で重版がかかったのかと思われるかもしれないが、決してそんなことはない。

2刷で終わらせないよう私は必死にあがいたし、限界まで行動しまくった。当時の私が試せることはすべてやり切り、まさに人生を懸けた勝負だったのだ。あの頃と同じことをまたやれと言われたらもう二度とできないだろう。

仲間と協力してリアル書店で愚直に一般のお客様として本を買い続け、ネット書店で小分けにせっせと注文し、何とか2刷をかけさせた。

2刷の報告を受けたあとは可及的速やかに3刷に繋ぐため、会社のセミナーを利用して書影をそのまま丸ごとDMに掲載しバルクメールを送付しまくった、という話はすでに述べただろう。

言うまでもなくその出版社からは第2作目のオファーもあったし、その後担当編集者は何人か変わりながらもロングセラーを出してくれた。

未だに取引もある。

私の体験談をそのまま猿真似するのではなく、意気込みと行動力を参考にしてあなた〝ならでは〟の方法で3刷を何としてでも突破してもらいたい。

93

3刷からが、本物。

3刷がかかったら「ああ、こういうことか」と勝ち組スパイラルを体感できるはずだ。

言葉で説明をいくら受けてもわからなかったことが全身の細胞で享受できるだろう。

私も初版↓2刷、2刷↓3刷までは精神的にも肉体的にもヘトヘトになったが、いったん3刷がかかったら自動的に4刷以降に繋がったし繋がるだろうという確信もしていた。

これまで身体と脳みそにかいた汗が開花したというのだろうか。

大袈裟ではなく現在書斎で職業作家として優雅に生きている自分のイメージがかなり鮮明に、それも非常に落ち着いて特に興奮することもなくできたのである。

それ以上でもそれ以下でもなく、もうこれ以外に今の私には説明のしようがない。

あなたが将来職業作家になるためにはこの先複数の壁が立ちはだかるけれども、その最初の壁が第1作目で3刷をかけることではないだろうか。

具体的方法はすでにたっぷりと公開したから知るという行為はもう終わったはずだ。

あとはあなたが飽くなき仮説と検証を繰り返し、実際に行動に移し、上手く行ったらそれを習慣化するのみである。

繰り返すが第1作目の3刷に成功すればあなたは職業作家への扉の前に立てるだろう。

もちろんその先も職業作家として生きるための絶え間ない努力は不可欠だ。

しかしあなたにはもうそんな心配はない。

第1作目を重版させるのではない。
重版させるためだけに
第1作目を書くのだ。

6
ヒット作を出す

94 第1作目を脱稿したら、2作目の執筆に取りかかろう。

ヒット作を出すためにはどうすればいいのか。
方法は一つしかない。
売れると確信した本をたくさん出すことだ。
これ以外の方法はすべて偽物である。
つまりあなたが第1作目を脱稿したらすることはもう決まっていると言えよう。
2作目の執筆に取りかかることだ。
迷うことは何もない。
もしボツになったとしてもそれはそれで構わないのだ。
なぜならこの先あなたが職業作家になったらそのボツ原稿が書籍化されるのだから。
これはあなたを慰めるための嘘ではない。

私自身がそうだった。

私のボツ原稿の山はすべて書籍化されたし、数年間毎日せっせと書き続けたブログも書籍化されたのである。

私が特別というわけでもない。

小説家でもベストセラーを出したあとに各出版社でボツ原稿の奪い合いになるという話をよく聞くだろう。

あれは本当の話だ。

第1作目を脱稿してから本になるまで最低3ヶ月はある。

3ヶ月あれば楽々もう1作書き上げられるはずだ。

職業作家を目指す者にとって休憩とは何もしないでぐったりと休むことではない。

嬉々として次の作品を書くことである。

今でも私の一番の至福の瞬間は、脱稿したあとに次の作品の構想を練ることだ。

次はどんな作品で編集者を驚かせてやろうか、どこかの誰かの人生を変えてやろうかと想像を膨らませると、全身の細胞が幸せで満たされる。

95 第1作目の著者見本が届いたお礼と一緒に、2作目の原稿を編集者に送ろう。

作家には本が仕上がると出版社から「著者見本」が届く。
見本と言っても売られる書籍と完全に同じだ。
店頭に並べられる1～2週間前に届くことが多い。
昔は直接手渡しをしに来る編集者もいたが、今は少ないのではないだろうか。
多くの場合は宅配便などで届けてもらえるはずだ。
私が第1作目を出した時も宅配便だった記憶がある。
その後めでたく3刷がかかった頃に編集者から食事に誘われた。
東京駅八重洲口側の中華料理店だったと思う。
そろそろお開きかなという頃合に編集者はこう言った。
「ところで千田さん、次の作品ですが……」

「……」の部分を待たずして私は「待っていました！」と言わんばかりに、数ヶ月前に完成していた2作目の原稿をビシッと手渡した。

本当にビシッと、だ。

しばらくキョトンとしていた編集者は我に返って満面の笑みを返してきた。

それがそのまま私の3作目となったわけだ。

2作目は1作目が保険業界内で売れたおかげで、私が当時連載していた業界紙から少し先に出させてもらった。

今ならあなたはこれをどう応用するだろうか。

私なら第1作目の著者見本が届いたお礼メールと一緒に、2作目の原稿を添付して送ると思う。

「こんなの第1作目が売れてからだよ」と呆れ返られたとしても、だ。

もし第1作目が売れたらすぐに2作目も書籍化してもらえるし、反対に売れなかったらまた出直せばいいだけだから。

96 編集者が生理的に無理だったら、出版社を変えよう。

職業作家であればほぼ全員が経験しているように、編集者と合わないことがある。

それはもう作家と編集者の関係に限らず人間同士だから仕方がない。

編集者にとっても作家と合わないと感じることがあるはずだ。

小説家のエッセイを読んでいてもその辺のことが赤裸々に書かれていたり、婉曲的に遠回しに書かれていたりして実に面白い。

結論を言おう。

あなたにとってその編集者が生理的に無理だったら出版社を変えるべきだ。

場合によっては同じ出版社内で別の編集者に変えてもらう手もある。

もちろんある程度妥協して折り合いをつけるのが大人の世界の常識というものだが、生理的に受け付けない場合は別だ。

嫌いなものは好きにはなれないのだから無謀な努力や我慢をするべきではない。

ここは一つ、わがままになろう。

これは私が直接作家仲間から聞いた一次情報だが、女性作家に執拗なセクハラをする編集者もいるようだしメールの文章が失礼極まりない編集者もいるようだ。

私の場合は生理的に受け付けない理由はハッキリしていて、時間とお金の振り込みにだらしない連中だ。

要は時間厳守できない、口約束が守れない連中は生理的に受け付けない。

ゴルゴ13のようにいつか撃ち殺してやろうと思ってしまうくらいだ。

容姿はどんなに醜かろうが、態度が大きかろうが、言葉遣いが汚かろうが無関心だ。

あなたにはあなたの許せない〝一線〟があるだろう。

それを大事にして、それをクリアした人とはどうか寛容にお付き合いいただきたい。

作家の多くがそうであるように、編集者もプライドの高いモブ男君やモブ子ちゃんが多いのはお互い様だから許し合ったほうがいいだろう。

97 ミリオンセラーを購入して、日々触れておこう。

ヒット作を出すためにはヒット作を知らなければならない。

もちろん猿真似するためではなく本物に触れるためだ。

本物に触れ続けていると偽物が一瞬でわかるようになる。

装幀家という本の表紙をデザインする専門家たちはピンキリであり、平均発行部数は桁違いだろう。

私の本もこれまでの200冊超を書斎の書棚に並べてあるが、特定の装幀家のデザインに売れる本が集中しているのが何よりの証拠だ。

私の文章力はどれも大差がないはずなのに、表紙のデザインの違いだけで本の売上に天地の開きがあるのだから。

たとえば私は今この文章を書きながら村上春樹氏の『ノルウェイの森』を見ている。

赤と緑のあの表紙だ。

言わずと知れた1000万部超のベスト&ロングセラーである。

一見するとクリスマスカラーでとてもロマンチックだと思えるが、見れば見るほどにおどろおどろしい。

血の赤と森の緑なのか、生の赤と死の緑なのか。

聞くところによるとこのデザインは村上春樹氏自身が手掛けたとのこと。

やはりミリオンセラー（テン・ミリオンセラー）ともなると、尋常じゃない何かの澱が潜んでいるのだと思わされる。

多数決で決まったものではないのはもちろんのこと、天才の貫く姿勢が伝わるのだ。

そう言えば、私のこれまでの200冊超のうちで一番売れたものと二番目に売れたものも私が貫いたものだったな。

98 暇さえあれば、リアル&ネット書店の売れ行きを眺めておこう。

書店巡りをして実際にどんな本が売れているのかを生で見るのが一番いいけれども、ネット書店の売れ行きもチェックする価値はある。

いずれかとなれば前者を信用すべきだが、後者にもアンテナを張っておくといい。

なぜならリアル書店とネット書店は連動しているからだ。

どのように連動しているかと言えば、リアル書店で売れるものはネット書店でも必ず売れ始めるということである。

反対にネット書店で売れたからと言って全国のリアル書店でも売れるとは限らない。

いや、むしろ売れていないことのほうが多いだろう。

その理由は簡単だ。

全国のリアル書店で本当に満遍なく売れるのは大変だが、ネット書店で売れたように見せかけるのはとても容易だからである。

一般にネット書店は数百人で手分けしてまめに数百冊購入させれば1位を狙えるため、誰でもその気になれば上位には食い込めるのだ。

だからリアル書店ではネット書店の売れ行きを完全に無視しているとは言わないが、断じて鵜呑みにはしていない。

ところがリアル書店で売れた本はやっぱり本当に面白いから、識者がSNSやマスコミで拡散してネット書店でも売れるというわけである。

以上を叩き台にしてあなたも色々発見してもらいたい。

いずれあなたの本もリアル＆ネット書店という大海原に放り投げられる。

自分の勝負の土俵を知るという姿勢はプロとして欠かせないはずだ。

99 名編集者たちの動画配信から、ヒット作を生み出す本質を掴む。

これはかなり衝撃を受ける人もいるかもしれないが、あえて真実を公開しておこう。

有料で売れない作家や出版社だとか編集プロダクションをリストラされた元編集者が作家教室をやっていることが多いけれども、無料のネット動画のほうが学びは多い。

それも名編集者たちの動画配信は凄まじい充実ぶりだ。

作家教室の実績よりも桁違いの実績を誇る本物の名編集者たちというのは、本作りに必死で作家教室などしていないのだろう。

プロスポーツ選手で現役バリバリで活躍している人が指導者にならないのと同じだ。

それもカリキュラムを組んでお金をたくさん搾り取るための長々としたものと違い、何気ない雑談やインタビュー形式でどんどん本質を公開してくれている。

また現役作家が無料で動画配信しているコンテンツも同様に素晴らしい内容だ。

彼ら彼女らは本業できちんと評価されて稼げているためせこいことは考えないのか、ごく自然に知恵の断片を披露してくれている。

真に大切なものは空気と同様にすべて無料に近づくという自然の摂理に則っており、それはヒット作を生み出す動画配信にも当てはまることかもしれない。

古今東西の名作が現在では無料で読めるようになっていることからも、あなたの本もいずれ無料になる。

森鷗外や夏目漱石の作品のように。

以上踏まえた上で作家教室の類いに通いたければ通えばいい。

生の人間からのほうが学べる人は一定数いるし、それで成果が出ればそれが正解だ。

ただしその場合も名編集者や現役作家たちの動画配信で独学もしておいたほうがより効果的だと思う。

100

2作目も同じ出版社から出せたら、それが信頼になる。

もしあなたが第1作目と2作目を同じ出版社から出せたら美しい。

それだけあなたの本が売れたというだけではなく人間的にも魅力的だという証拠だ。

そうでなければ2作目を同じ出版社から出せるはずがないからである。

まず、売れなければ2作目は出せない。

次に、人間的に魅力がなければ2作目の許可が出ない。

以上の理由から職業作家を目指す人にとって同じ出版社から複数出したほうが印象は良くなるのだ。

私の場合は第1作目を出した出版社から3作目が出た。

これは重版までに数ヶ月の時間を要したことと、その間に別の出版社から私の連載をそのまま書籍化したためである。

まあ嬉しい誤算というやつだ。

いずれにせよ2作目に限らず同じ出版社から複数出せるようにしたい。

あなたが職業作家としてやっていくためには必ずそれが信頼になるだろう。

他社もあなたの実績を見て「この作家は各社のリピート率が高いな」と思われると、もうそれだけで大切に扱われやすくなる。

もしあなたに失礼な対応をしたりトラブルになったりしたら、業界内で自社の評判が悪くなると相手は恐れるからだ。

私もすべてとは言わないが大半の出版社から複数出している。

たったそれだけで他にはもう何も宣伝することはないくらいだ。

101

2作目の依頼をいつまでも待っていると、〝昔、1冊書いた人〟でおしまい。

3刷がかかったら2作目の声がかかるという話はすでに述べた。

しかしだからと言っていつまでも待っているだけでは能がない。

もしそのまま声がかからなければ〝昔、1冊書いた人〟であなたはご臨終だ。

生涯1冊の本を出せただけで満足できるのであればそれでもいいだろう。

だが本書は職業作家を目指す人に向けて綺麗事を一切排除して本音で述べている。

〝昔、1冊本を書いた人〟は巷ではかなり評判が悪いのを知っておくといい。

なぜなら「俺は本を書いたことがある！」「私は本を出した作家よ！」といったせこいプライドがあるから無意識に態度がデカくなるのだ。

私もこれまでに何度か出版社の著者パーティーにゲストとして招かれたが、ショボい作家ほど態度がデカかった。

10冊も本を出していると自分は神よりも偉いと思っている作家もいる。

いや、ひょっとしたらその人は本当に偉いのかもしれないが世の中には100冊どころか1000冊を超える本を出している作家もいることを忘れてはいけない。

これは出版業界で一流の人限定の共通認識だが、累計発行部数よりも著作数のほうが遥かに重んじられる。

累計発行部数は1冊でもラッキーでミリオンセラーが出たら一気に増えるが、著作数は地道な信頼の積み重ねだからだ。

ぜひあなたも著作数を増やし続けてもらいたい。

その第一歩は2作目を世に出すことだ。

せっかく奇跡的に授かった命なのだから受動的な人生を送るのではなく能動的な人生を創ろうではないか。

102

3作目の準備は、2作目を書き終えたらすぐに取りかかろう。

2作目を書き終えたらどうするのか。

もちろん3作目の執筆に取りかかろう。

そんなことはいちいち私に言われるまでもなくわかっていると思うが、念のため。

やる気が迸っている初期の段階でガンガン書き終えておかないと、実際に売れっ子になってから慌てたのでは間に合わなくなってしまう。

これは本当の話だ。

私はピーク時に2ヶ月で9冊の本を執筆していた時期がある。

あの時もし私の原稿のストックの山がなければとても乗り越えることができなかっただろう。

ボツ原稿の山だろうがまだ注文のない原稿だろうがとにかく今のうちに書くべきだ。

私の場合は翌年の原稿は前年に脱稿してある状態がスタンダードになっていたが。

PDFダウンロードサービス「千田琢哉レポート」に至っては出版社を一切介さずに100％私の裁量で執筆しているため、開始時点で10年後を見据えており5年先の原稿を書き終えていた。

つまり5年間何もしなくてもいい状態でビジネスを開始したということである。

以上は私が臆病者だからそうしているだけだ。

あなたは私のように臆病者ではないかもしれないが、常時数冊分のストックがあると精神的に非常に楽になるしより質の高い本を生み出せるだろう。

こっそり囁いておくと、まだ1冊も本を出していない時期に注文のない原稿を書くのは辛いが、何冊か本を出してからそれを書くのは「作家だなー」という快感に浸れる。

103

第1作目に重版がかかれば、3作目も出しやすい。

3作目について少し突っ込んだ話をしておこう。

3作目のチャンスを掴みたければ第1作目できちんと重版をかけておくことだ。

なぜなら第1作目で重版をかけておかなければ2作目を出してもらえず、次の3作目など夢のまた夢となるからである。

当たり前の話だがこの当たり前を実現するのが極めて難しい。

もちろんこれはケースバイケースだが第1作目さえ重版、それもできれば3刷の実績を叩き出しておけば、最悪2作目を外しても3作目のチャンスがもらえる可能性はある。

編集者も「2作目は外したがこの作家は第1作目で売れているから底力はあるはずだ」という淡い期待を残しているからだ。

その人間の心理を上手に活かせばいい。

その代わり編集者の期待に101%以上応えるようにきちんと役割を果たそう。

作家の役割とはSNSやホームページの日々の更新とブラッシュアップ、編集者の指示に従って加筆修正をすることである。

第1作目から3作目を手抜きせずにやり切った人は僥倖に恵まれるだろう。

それはたとえば他社から執筆依頼があったり、他社のホームページに応募してみたら企画が俄然通りやすくなったりするといったようなことだ。

実際に私がそうだった。

自著がポツリポツリと増えるにつれて自分を取り巻く世の中の流れが確実に変わり、幾何級数的にチャンスに巡り合いやすくなるのである。

3作目を出せばそれはあなたも体感できるだろう。

だから何としても3作目を出すために第1作目に重版をかけておくべきなのだ。

104

リピートされる作家の必要条件は、口約束を死守すること。

もしあなたがリピートされる作家になりたければ口約束を守ることだ。

それもできるだけ守るとか、１００回のうち99回は守るというレベルではいけない。

死守することである。

口約束は紙約束に比べて証拠が残らないから破りやすいと思っている人は多い。

それはとんでもない間違いだ。

口約束は証拠が残らないからこそ脳裏に焼き付く。

そしてその恨みは一生忘れない。

私もひょっとして世界で上位１００人に入ったらどうしようと心配するほど執念深いが、口約束を破られた恨みは絶対に忘れないものだ。

数十年前の恨みでも忘れないのはもちろんのこと、何度でも反芻できるしそのたびに複利で恨みが膨らみ続けている。

本当の話だ。

この執念深さが職業作家として私が生き残っている原動力だと確信している。

原稿の締め切りは死守しよう。

お金のやり取りの期日は死守しよう。

やると言ったら必ずやり、やらないと言ったら絶対にやらないでおこう。

ネット動画でもたまに笑いながら自分が締め切りを守れないのを自慢げに語る作家もいるが、彼ら彼女らはもうプロではないから関わらないほうがいい。

村上春樹氏は注文を受けて小説を書くのではなく自分が書きたい時に小説を書く。

最初からアポを入れないというのも遅刻しないためには有効な仕事術だろう。

森博嗣氏は締め切りを死守しておりそれがプロの仕事として当たり前だと説く。

私はこちらに近いが、あなたはあなたの規律に従って口約束を死守してもらいたい。

哲学者のカントは「真の自由とは自分で決めたことを成すことができる自由である」と述べた。

ここだけの話、自分で決めた規律を死守するのは本当に楽しい。

105 自著が3冊あると、「出版の厳しさをわかっているな」と思われる。

これは私が独立直後に複数の出版社の社員たちと会っていて気づかされた事実だが、私に自著が3冊あるから会ってもらえたということだ。

独立してすぐ業者にホームページを作ってもらって最初に私がやったことと言えば、パッと見てわかるように自著を3冊並べたことだった。

その上で様々な出版社にせっせとアプローチしていたのだが、出版社の編集者たちは「この人は出版の厳しさがわかっているな」と判断するから反応は良かったものだ。

「3」という数字には不思議な魔力がある。

「1」だと点に過ぎず「2」だと線にはなるが広がりがない。

ところが「3」だと三角形という面になるから無限の広がりを感じさせるのだ。

だから自著が2冊というのと3冊というのとでは雲泥の差になる。

こういう知恵を知っているかどうかで人生というのは途轍もない差がつく。

私が会社員時代に3作目を出してからシュパッと辞めたのも、無限の広がりを獲得してこの先100作目、200作目をスムーズに出しやすくするためである。

それ以外の理由はどれも些細なことだった。

私の本やPDFダウンロードサービス「千田琢哉レポート」の読者、さらに音声ダウンロードサービス「真夜中の雑談」のリスナーには作家としてすでに本を出している人も複数おり、その大半が3冊以上の自著を持つ。

そして3冊以上の自著を持っている作家は概してその先も続きやすい。

ぜひあなたもとりあえず「自著3冊」を突破してもらいたいと思う。

106 依頼を受けたら、その依頼者を出世させるために書こう。

私が作家をやっていて一番面白いのは依頼者を出世させることだ。

依頼者の多くは編集者だが、いずれ編集長になり、取締役になり、代表取締役社長になった人もいる。

たとえば本書の担当編集者がそうだ。

決して私の力で出世したわけではないだろうが、少なくともそのつもりで書かないと作家として退屈だろう。

なぜなら作家には組織の出世がないからである。

作家は基本的に個人事業主だから仕事のパートナーの組織の出世を眺めているだけの存在だ。

もちろん本来の出世の意味「世に出る」については作家にも実現できる。

そしてそれはとても孤独な作業だ。

作家の出世とはひたすら自分との戦いであり会社員のようなゴールはない。

だからとりあえずのゴールが決まっている組織人の出世を目の当たりにするのは実に楽しいし、また刺激にもなる。

あなたが売れる本を書けばそれがそのまま編集者の出世に影響するのだ。

だったら「この編集者を出世させたいな」と心底思える相手と組めたら最高だろう。

そのためにはあなたがたくさん本を書ける作家になって、できるだけ多くの編集者と出逢うことだ。

多くの編集者と出逢えばそれだけ運命の人とも出逢いやすい。

運命の人と出逢えばいい本を書く気になるし、あなたも作家として出世する。

ぜひ編集者と共に咲いてもらいたい。

107 「そのテーマはちょっと難しいかな」と思っても、挑んでみよう。

あなたに出版依頼が届くようになると「さすがにこのテーマはちょっと難しいかな」と思う企画もある。

本当に無理だったらプロとしてきちんと断るべきだが、「しんどいけどできるかな」と感じたら挑んでみることだ。

なぜならその作品を機にあなたの作家としての幅が広がるからである。

これは役者があえてこれまでの自分とは真逆の役を引き受けるのと同じだ。

それで失敗するかもしれないが、少なくとも力を出し切れば何かを獲得できる。

あえて逆に触れることでこれまでの作風がより洗練されるかもしれない。

これまでミステリーしか書いたことのない小説家が歴史小説に挑むこともある。

それによってさらにミステリーに深みが出ることもあれば歴史小説家としての地位を築

くことがあるかもしれない。

私の場合はこれまでに「筋トレ」「食事」「睡眠」「漫画」「歴史」「数字」というテーマの企画をもらった時、「うわっ、これはしんどいぞ」と感じた。

いずれも無料ブログレベルであればいくらでも書けるが、本にするとなると質も量も桁違いのプレッシャーがかかる。

しかしいずれもとりあえず挑んでみることで意外に楽しんで書けたものだ。

それら以降の私の作家としての奥行きも確実に変わった。

そう考えると編集者というのは凄い。

作家以上に作家のことを熟知しており、それを企画にして提案してくるのだから。

108 「n番煎じ本」の依頼は、受けて立つ。

出版業界では二番煎じ本や三番煎じ本など珍しくも何ともない。

中には五十番煎じ本や百番煎じ本もあるだろう。

それは出版業界ではたった1冊のベストセラーが出れば、それと同じテーマと瓜二つのカバーデザインの本を出すことが一番利益を出しやすいと各社が知っているからだ。

市場の原理であり、自然の摂理である。

実は私もこれまでに何度か「n番煎じ本」の依頼を受けたことがあるし、自著が売れて「n番煎じ本」が続いたこともある。

パクりと騒ぐ作家もいるかもしれないがその作家だって無意識のうちに誰かの作品をパクっているかもしれないのだ。

古今東西の作家のすべての本を読んだわけでもない限り、自分ではパクったつもりがなくても無意識にパクっているかもしれないだろう。

何を隠そう私も「この本は俺のパクりだな」と思ってチラッと著者名を見たところ、ナポレオン・ヒルだったりデール・カーネギーだったりしたものだ。

また絶対にこれまで読んだことのない本とほぼ同じことを書いていたこともあった。

だから私の本の「n番煎じ本」だと思う本に出逢っても「いや実は違うかもしれない」と今では疑っている。

「n番煎じ本」の依頼を受けた時に私がするのは、とりあえず一番売れている本だけは読んでおくことだろうか。

それは決して参考文献にするためではない。

ベストセラーやオリジナル本とだけは内容が被らないようにするためだ。

むしろ天邪鬼であえて逆張りをすることもある。

あなたが職業作家になったら「n番煎じ本」の依頼があった時にどうするかはあなたが決めればいい。

「そんな企画は一切お断り」というのもアリだと思う。

109 千田本がヒットするまで——1冊目と2冊目について（保険専門書）。

この千田本1冊目『「あなたから保険に入りたい」とお客様が殺到する保険代理店』（日本実業出版社）を出した目的はたった一つだった。

それは重版をかけることである。

犯罪行為以外は何をやっても必ず重版をかけようと誓っていた。

この熱意は2007年当時、きっと日本一だったのではないだろうか。

私はこのためにわざわざ興味のない経営コンサルティング会社に転職したのであり、前職の保険業界をテーマにした本というのがどこか運命を感じさせた。

経営コンサルティング会社に転職したという意識は私には微塵もなく、日本一出版のハードルが低い会社だと判断して転職を果たしたのである。

さらにもともと私は保険業界が退屈で転職したのだ。

だから保険業界向けの本を書く予定は毛頭なかったのだが、当時のチームメンバーが保険業界向けのコンサルティングを起ち上げようとしたのがきっかけとなった。

数々の報告書の執筆・編集・校正をリーダーの私一人でこなしていたところ、啓示を受けたのだ。

「あ、これがそのまま第1作目になる」

全宇宙が私に味方をしてくれているのを体感した気がする。

これまでの報告書を帰納的にまとめて原稿はあっという間に書き上がったのだった。

それを社内で入手した出版社リスト26社へＦＡＸで一斉送信し、「早い者勝ちですよ！」という高飛車な姿勢で営業をかけたのだ。

最終的には6社から声がかかってメンバーたちと満場一致の出版社に決定した。

すでに私は保険会社本体の代表取締役とも密室で話せる関係を築いていたし、業界のトップアナリストともコラボセミナーをする仲にあったためすべて活用したものだ。

可能な限り名前を売りまくって本を出した瞬間に無料であちこちの業界紙に記事風の広告を出させてもらった。

おかげさまで保険業界向けというごく限られた市場にもかかわらず5刷がかかり、累計で1万3000部になったというわけである。

次に千田本2冊目『勝つ保険代理店は、ここが違う！』(新日本保険新聞社)は業界紙に連載していたコンテンツを「そのまままとめて本にしましょう」と提案したところ、「うちのような会社から出してもらってもいいのでしょうか？」と念を押された。

「本書のカバーデザインをどうすればいいか？」と相談されて、どうしてそんなことを私に訊くのだろうと思いつつ即興で「こんな感じでどう？」と叩き台を送ったところ、その下書きをそのまま無断で表紙にされてしまったのが今でも無念だ。

何はともあれこの2冊のおかげで私は保険業界の売れっ子経営コンサルタントとなり、業界紙の連載記事を奪われた他社から「うちへ来ないか」と誘いを受けたものだ。

職業作家を目指していた私はその種の誘いはすべて断り、千田本3冊目を力業で出してさっさと独立しようとワクワクしていた。

110 千田本がヒットするまで——3冊目について（経営書）。

千田本3冊目『社長！　この「直言」が聴けますか？』（日本実業出版社）は私にとっての退職届だった。

これは中谷彰宏氏の1100の著書のうち第1作目が退職届だったのと同じである。

会社員が作家として独立するためにはやはり作家としての使命を果たすべきだろう。

中谷氏は「バカヤロー」という想いを籠めた作品だったが、私の場合は「タブーへの挑戦で、次代を創る」という使命を籠めた作品だった。

これを千田本1冊目と同じ日本実業出版社から出したのは編集者が同じだったからだ。

千田本1冊目の重版が決まった時にご馳走になり「ところで千田さん、次の作品ですが……」と帰り際に言われて手渡した原稿がこれだった。

この千田本3冊目を出した最大の目的は「独立までに自著を3冊にする」ためだ。

さらにグンと離れてもう一つ挙げるとすれば「保険業界」よりも読者層を広げたいと思ったことだろうか。だから経営者向けの本として私は仕上げたのである。

今改めて読んでみてもよく書けていると感心してしまう。

あの頃からすでに千田琢哉は千田琢哉だったのだ。

だが「退職届」として書いた本は自分が思っていたほどには売れなかった。

それは後に中谷氏の第1作目の文庫版のあとがきを彷彿させたものだ。

中谷氏は「10万部売れたら、自転車を買ってやる」と編集者に言われてそれほどには売れなかったらしいが、少なくとも重版はかかっているし文庫版まで出ている。

私は初版・2刷・文庫版を持っているから。

それに対して千田本3冊目は初版で呆気なく終わった。

結果として良かったのは脱サラして突破口が開きやすかったことだろう。

無名ながら自著を3冊出していることをホームページで訴求できたし、保険業界だけに特化せずビジネス全般の本を書ける著者をアピールもできたから。

実際にもし私がこの千田本3冊目を出していなければその後の出版に繋げるにはかなり苦戦を強いられただろうし、ひょっとして今の私はなかったかもしれない。

111 千田本がヒットするまで——4冊目について（営業書）。

千田本4冊目『継続的に売れるセールスパーソンの行動特性88』（マネジメント社）にはかなりの思い出が詰まっている。

実はこの本の一部は会社員時代に執筆したものでそれを大幅に加筆修正したものだ。

会社員時代に会員制FAXを流しておりダントツの人気コラムとなっていた。

そして私がこの本を出さないかと声をかけたのは千田本1冊目の時に声をかけてくれた出版社の中の社長である。

つまり一度お断りした出版社だった。

「あの時はお声かけありがとうございました。断る形になって申し訳ございません。もしよろしければ私の新しい本を出しませんか？」とメールしたのである。

社長からは即OKの返事があった。

今考えればありがたい話だが当時はそれほどの驚きはなかった記憶がある。

なぜなら会社員時代に出した千田本1冊目をかなり高く評価してくれて、当時私がいた大阪の事務所まで東京からわざわざ社長自らが訪れてくれたからだ。

実はこういう出版社側の対応を虚心坦懐に観察していると、あなたの客観的な評価や可能性を垣間見ることができる。

誠にありがたいことに私は初期の頃から文章力は満場一致で評価され続けてきた。

思えば、面と向かってストレートに以下のようなセリフを人・場所・時を変えながら浴び続けたものだ。

「ちゃんと自分で書ける作家さんですね」

「本当に文筆家ですね」

「千田さん、あなたはいずれ三桁の本を出すようになります」

千田本4冊目を出した出版社は当時実質一人社長のようなものだったが、私をちゃんと評価してくれたからには共に成長したいと思った。

この本も重版がかからずお世辞にも売れたとは言えないが、社長と二人三脚でよくもまああんなにリアル書店とネット書店に猛烈営業をかけたものだと感慨深くなる。

敗因は私の知名度不足だろう。
保険業界以外ではまるでお話にならなかった。

112 千田本がヒットするまで——5冊目について（経営書）。

千田本5冊目『存続社長と潰す社長』（マネジメント社）は脱サラ後のブログがそのまま書籍化されたものである。

すでに公開されていたコンテンツにもかかわらず「これは面白い！」と出版が決定した。

千田本4冊目が出る前から話は進んでおり、次に紹介する千田本6冊目と同時出版だ。

出版社も担当者も千田本4冊目と同じである。

出版社の社長にも伝えたが私はとにかく膨大な本を出したかった。

最初からデビュー5年以内に50冊・100万部突破させて、全国の大手書店の書棚に私の名前が書かれたプレートを挿してもらおうと決めていたのだ。

もちろん当時の私がそんな話を真顔でしても誰もまともに相手にしてくれない。

宇宙で自分以外に信じられる人はいないのだからこの時は最も孤独な戦いだった。

しかしこの時ほどエキサイティングだった時期もない。

そういうわけだからとにかく私はこの出版社から本を出せるだけ出しておきたかったのである。

社長とも話しやすかったから「3冊は出せる」と踏んでいたが実際その通りになった。

会社員時代に3冊だった自著が6冊になるのだからホームページ上も見栄えがする。

本当にこの出版社には助けられた。

この時の私の心境はこうだ。

5年以内に50冊書ける体力も筆力も私にはある。

そのためには3年目にプチヒット作、4年目にベストセラーを叩き出しておかなければ実現できない。

千田本5冊目が出たのは2009年8月だったから千田本1冊目が出た2007年10月から数えてもうすぐ2年が経とうとしていた頃だ。

113 千田本がヒットするまで——6冊目について（保険専門書）。

すでに述べた通り千田本6冊目『尊敬される保険代理店』（マネジメント社）というのは千田本5冊目の双子である。

奥付も2冊揃って２００９年8月20日だ。

もともと保険業界紙で長期連載していた記事を編纂して大幅に加筆修正を施した。

結論から言うとまるで売れなかったが、保険会社本体の代表取締役と私が唯一認める出版業界の某コンサルタントからポロリと同じことを囁かれたのを憶えている。

「この本は非常に完成されている」

ビジネスも出版も売れてナンボの世界だがこの二人の囁きが私の心の支えになった。

今になってから思うとこの千田本6冊目を出しておいて本当に良かったと断言できる。

なぜならその後あちこちの出版社から執筆依頼が殺到するようになった頃に、雑談で以下のような話をよくされたからだ。

「『尊敬できる保険代理店』という本を読むと千田さんは本物の経営コンサルタントだったということがわかります。親戚に損害保険会社の代表取締役がいて千田さんのことをよく知っていると言っていました」

「『尊敬できる保険代理店』を読んで感銘を受けたワンマン社長が出版会議の席で、こういうちゃんとした専門的な文章も書ける作家に自己啓発書を書いてもらいなさいと口角泡を飛ばしながら力説されました。それで本日お邪魔したわけです」

あっちへうろうろ、こっちへうろうろしながらも、改めてこうして振り返ってみると一本の道としてちゃんと繋がっているのだ。

二度続けて「口約束」を守れなかったために私の逆鱗に触れてこの出版社との関係はこれで終わったが、お互いに必要な時期に必要なパートナーだったと感謝している。

114

千田本がヒットするまで——7冊目について（経営書）。

千田本7冊目『こんなコンサルタントが会社をダメにする！』（日本実業出版社）は私が人生のどこかで必ず出しておきたかったものだ。

千田本1冊目・2冊目・6冊目が保険業界へ向けた〝タブーへの挑戦〟だったとすれば、千田本7冊目は経営コンサルティング業界へ向けた〝タブーへの挑戦〟だった。

千田本4冊目・5冊目・6冊目を出してくれた出版社とは実質決別したため、とりあえず千田本1冊目と千田本3冊目を担当してくれた編集者に打診したわけだ。

今回はさすがに難航した。

それもそのはず。

千田本1冊目は5刷までかかったものの、千田本3冊目はまるで売れなかったのだから。

私の作家人生はこのまま終わるかもしれないと一番危機感が襲ったのはこの時だ。

最初に提案した企画は跡形もなくなり『こんなコンサルタントが会社をダメにする！』

というタイトルが決まった（最初に提案したタイトルは憶えていない）。

編集者は「これなら行けそうな気がします」と言ってくれたが、その顔を見ていたらラストチャンスであることは鈍い私にもひしひしと伝わってきたものだ。

途中で編集者が変わって紆余曲折あったものの、当時の私のすべてをぶつけた。

「必ず売れてやる」

結果は惨敗だった。

もうこの出版社からも出せない。

私が出版デビューしてちょうど2年が過ぎていた。

唯一良かったことと言えばホームページ上に7冊の自著が並んでいると誇れることだ。

2009年の秋も終わろうとしていた頃、私は暇に飽かせて勉強した簿記3級を女子高生に混ざって受験していた。

現実逃避をしたくてつい簿記2級の勉強も終えていたくらいだ。

115

千田本がヒットするまで——8冊目について（ビジネス・自己啓発書）。

千田本8冊目『20代で伸びる人、沈む人』（きこ書房）はブログから生まれた。

すでに述べた通り千田本7冊目が撃沈していたので、現実逃避に簿記の勉強をしながらブログを綴っていたのだ。

何か書かないと爆発しそうだったからである。

70項目ほどで完結したので「あ、これ、ひょっとしてそのまま本にならないかな」と思って2010年1月20日前後だったと思うが、5社の出版社に送った。

記憶は定かではないが5社ともホームページ経由のメールで送ったと思う。

すると5社すべてからレスポンスがあり、4社から「一度話したい」と言われた。

ある出版社ではこう言われた。

「本当にこの文章、あなたが書いたのですか？」

別の出版社ではこう言われた。

「これ、面白いですね。他社でも提案されていますか？」

確実に手応えがあり、ようやく私にも光が見えてきたのである。

当時私は複数の組織で顧問をしていたため若手社員向けの研修も行っていた。

よく考えたら20代向けの本を書こうと思えばいくらでも書けるはずだったが、無名の私にはその資格が与えられるはずがないと最初から諦めていたのだ。

出版社から次々に評価され始めたことにより、「ああ、この分野で自分に書く資格が与えられるのなら、日本一になれるかもしれない」と頭を過った。

とても傲慢かもしれないが実際にそう思ったのだ。

最終的には一番営業力が強そうで私の名前を広めてくれそうな出版社に決めた。

出版社のバックには自己啓発の高額コンテンツを販売する営業組織があり、当時からすでに正統派エリートが書いた本のベストセラーも出ていたのでこれは信用できると判断したわけだ。

私はこう見えてかなり慎重に目利きをする。

自分のブランドが穢れるような取引は極限まで避けたい。

ここで勝負をかけた結果は吉と出た。

カバーデザインはミリオンセラーを手掛けた装幀家に依頼してくれたようで、本当にこれまでの千田本が嘘のように洗練されていたものだ。

結果は累計発行部数が4万7000部まで伸びてこれまでの中で最高のヒット作となった。

本書で私を知ったという読者も多い。

この出版社との取引がきっかけで私の講演風景のDVDも出回り、他社からの執筆依頼が増えて企画も通りやすくなった。

これまでと景色がガラリと変わったのである。

同じ努力をするのでも勝負の土俵を変えるだけでまるで得られるものは違うのだ。

116

千田本がヒットするまで
——14冊目について（ビジネス・自己啓発書）。

千田本14冊目『死ぬまで仕事に困らないために20代で出逢っておきたい100の言葉』（かんき出版）は千田本史上最も売れた本である。

累計22・3万部発行という報告を受けており、実際にその通りの印税を獲得した。

これまで千田本14冊目についての様々な分析がなされた本や記事を読んだが、どれも的外れ、もしくは浅過ぎるので、これまで一切明かさなかった真実を著者本人である私が沈黙を破って披露しよう。

千田本14冊目を出した出版社には、その前にヒットした千田本8冊目の編集長の部下に当たる編集者が、2011年1月にちょうど転職したばかりだったという背景がある。

その編集者が実は裏方として講演DVDなどの手配をして千田本8冊目の販促を頑張ってくれていたのだ。

その彼についての私なりの分析を述べるとこうなる。

①前職で明らかに役不足で冷遇されていた（と私は感じた）。

②転職したてで不安だろうし、転職祝いの原稿ということなら泣いて喜ぶだろう。

③②に加え私が個人的に編集者の転職先の経営状況を下調べして把握していたため、藁にも縋る思いで私の本をその年の勝負本に入れざるを得ないと判断した。

以上に加え、2005年を機に新入社員たちの国語力が信じられないほど衰えていたのを現場で察知していたため、語録とその短い解説しか書かれていない、死ぬほどわかりやすくてザ・ブルーハーツ的なストレートに響く本が売れるだろうと仮説を立てた。

ザ・ブルーハーツは昔のロックバンドで千田本14冊目を出す2011年にはもう知らない20代のほうが多かったけれども、それが逆に新しいと彼ら彼女らは感じるはず。

ちなみに千田本14冊目の本文はもちろんのことポイントやその他コピーなどもすべて例外なく私が書いている。

当初150の言葉にしようと押し問答もあったがここは絶対に100の言葉で行くべきだと突っぱねた。

過剰は不足より罪が重い。

150の言葉で2冊出すよりも100の言葉で3冊出したほうがトータルで売れる。

編集者は私の話が記憶にあるかどうか知らないが、実は当時すでに私には1万の語録を用意してあった。

そのため最初から100冊分のストックはあったのだ。

千田本14冊目が20万部突破するのかどうかまでは私には予想できなかったが、3万部や5万部は当然行くだろうと思っていた。

仮に1万部程度で終わっても100回チャレンジすれば1冊は10万部突破するだろう。

もし突破しなければそれは才能不足だから私の作家人生が終わるだけだ。

この程度のことはどのベストセラー作家たちも考えていることだと思う。

いや、実際にはもっと複雑に、そしてもっと深く考えている作家も多いはずだ。

あなたには、あなた〝ならでは〟の正解を見つけてもらいたい。

最後に本気で職業作家を目指すあなたに冷徹な告白をしておこう。

私にとって本当に大切だったのはこの20万部ではなかった。

次に訪れるGakkenとの出逢いだったのである。

「旧帝大教育学部×教育系トップの出版社」の無敵のコラボなら、生きてさえいればかねてからの下限目標であった自著100冊突破が約束されると確信していた。

この卓越したコラボは自然界の歯車がピタリと噛み合ったように、教育業界で格式の高い専門誌にも私の本がこれまでに二度紹介されている。

紹介された記事を見た時、なぜか生まれて初めて新幹線のホームで聞こえてきたあの《青葉城恋唄》が頭の中で谺した。

117 何が何でも出版社の「今年の勝負本リスト」に、滑り込ませてもらう。

鋭い読者であればもう洞察しているかと思うが、出版社の「今年の勝負本リスト」に滑り込ませてもらうためには相手の弱みにつけ込むというのも有効な戦略だ。

もちろんこれは脅迫しろという指南ではない。

脅迫とは対極にある「救世主」としての役割をあなたが果たすことだ。

そのためにはできるだけ小さな出版社を狙うのがいいだろう。

どの出版社も経営は大変だが、中でも小さな出版社は極めて大変だ。

つまりあなたの本を出すことで窮地を脱することができると期待させればいい。

もちろん本当に倒産してしまう出版社もあるから注意は必要だが、インターネットで情報を収集すれば避けるべき出版社はわかるものだ。

作家への印税の支払いが滞っている出版社はすでに倒産間近でありあちこちで悪評が掲

載されているから。

さすがに出版業界だけあって文字を書くのも読むのも好きな人が集まっているため、インターネット上でこれでもかと言うほどに書き込んでくれている。

私もこれまでに「危険」「倒産間近」と噂される会社が本当に倒産した例を見てきたから、あなたもどんどんインターネットを活用してもらいたい。

その上であなたが信用している作家の本を出しているような出版社であれば、小さければ小さいほどチャンスだ。

小さな出版社は毎月1冊か2冊出せるかどうかだからあなたの本がその中の1冊になれば間違いなくきちんと売ってくれる。

大手出版社だとあなたの本は大量に出される有名作家たちの本に埋もれてしまうが、小さな出版社であれば少なくとも出した月はあなたの本を集中して売るだろう。

できれば経営の危機には陥ってはいないけれど、最近特に売れた本が出ていないなと感じる出版社を狙うのが賢い。

きっとそういう出版社は編集者の表情や目の鋭さもどこか違うはずであり、あなたといいパートナーになるだろう。

118 「今年の勝負本リスト」に入れてもらったら、協力を惜しまない。

出版社は「あなたの本は今年の勝負本リストに入りましたよ」とは教えてくれない。

それはそうだろう。

そんなことを教えてしまったら他の作家たちから総スカンを食らうからだ。

私はこれまでに自分の本が「今年の勝負本リスト」に入ったと確信したことがあり、その時の様子をあなたにお伝えしておこう。
①初版部数が多い。
②頼んでもいないのに単独で日経新聞半五段広告に掲載される。
③カバーデザインが王者のようにオーラが漂っている。
こんなところだろうか。
①については現在ビジネス系だと5000部、小説だと3000部スタートが標準だ

としてそれぞれ5割増し以上になったら期待できると考えていい。

つまりビジネス系なら7500部とか8000部以上、小説だと4500部とか5000部以上の初版部数スタートとなれば出版社は本気だ。

それだけ初期投資するということはリターンを狙っているということだから。
②については「ドカンと行きます!」「ガツンと行きます!」と言われることが多い。
すべての出版社にとって日経新聞半五段広告は大きな出費だ。

特に小さな出版社にとっては死活問題に関わるくらいの出費だと考えよう。

そうするとどれだけあなたの本に懸けているのかが自ずとわかるはずだ。
③については見た目だからすぐにわかるだろう。
いかにもベストセラーになりそうな洗練されたカバーデザインだ。

装幀家の名前を見るとかなりの有名人かその道で知る人ぞ知る実力者だったりする。

もちろん洗練されたカバーデザインだからと言ってすべてが売れるわけではない。

だがダサいカバーデザインの本が売れることはまずないのだ。

以上①~③を踏まえた上であなたは協力を惜しまない姿勢を見せよう。

100人いれば100通りの正解があるはずだから、完璧な模範解答はない。

一つ言えるのは編集者にストレートに訊いてみるのが近道ということだ。

私から知恵をプレゼントしておこう。

本書のこのページを編集者に見せて、「今回はここに書かれている①～③のすべてに当てはまると思うのですが、何か私に協力できることはありませんか？」と訊くのだ。

少なくともそれで怒り出す編集者はいない。

たとえあなたには悪気がなくても無名作家が勝手に書店営業をすると出版社や書店を敵に回しかねないから、予め編集者に訊いておくというのは極めて有効である。

編集者が「じゃあ、できればこうしてもらえると助かりますが」と提案してきたら、金銭を要求されたりしない限り協力を惜しむべきではない。

「印税からこれだけ支払ってくれ」と言われたらそれは職業作家として断るべきだ。

119

「作家」×「編集者」×「営業」で、売れ行きの49%が決まる。

本の売れ行きは「作家」×「編集者」×「営業」で49%、残り51%は市場が決める。

市場とはお客様のことであり、より厳密にはお客様の好悪だ。

お客様が購入の決定者である以上、作家や出版社や書店がたとえどれだけ頑張っても最大で49%の影響力しかない。

経済とは人間心理の集大成だが、本の売れ行きもその例外ではないのだ。

時代の空気や流れという大河の流れの中に作家や出版社は本という魚を放つ。

それが上手く大河の流れに乗れば売れるし、乗れなければ売れない。

呆れるほどにシンプルだけどそれだけの話だ。

売れっ子作家や敏腕編集者というのはその大河の流れを読む力に長けている。

より厳密に言えば大河の流れを読んだ上で半歩先の知恵を囁くのだ。

そうすると市場はそのありそうでなかったものを「それぞれ、それが欲しかったの」とさぞかし自分で気づいたかのように飛びつく。

千田本14冊目『死ぬまで仕事に困らないために20代で出逢っておきたい100の言葉』はそれで売れた本なのだ。

2011年4月に出た千田本14冊目は東日本大震災直後ということもあり、鬱屈としていた世の中にザ・ブルーハーツ的「カッコ悪くたっていいよ」「そんな事問題じゃない」というあの息吹をもう一度吹き込んだのである。

もちろん東日本大震災の予言など私はできないしそれを狙って書いたわけではない。

東日本大震災以前の空気感を私は文章で表現しただけである。

高校時代にザ・ブルーハーツを世界一聴いたのではないかと密かに思っている私は、あの頃から無意識に千田本14冊目のための準備をしていたのかもしれない。

もちろんそんなのは狙ってできることではないが、だからこそ作家・編集者・営業の連携は我々が成すべき使命ではないだろうか。

月並みな表現だが「人事を尽くして天命を待つ」以外にヒット作を生む方程式はないのである。

120

3万部突破は、ベストセラーの下限。

これから特に紙書籍をたくさん売るのは難しくなってくる。

これは時代の流れだからもはや止められない。

紙書籍が売れないのを批判するのではなくそこにあるものとして考えるべきだ。

この先電子書籍が主流になると「発行部数」という言葉自体が死語になるだろう。

では紙書籍のベストセラーとは何万部のことを言うのか。

3万部だろう。

これはビジネス系も小説も同じだ。3万部突破すれば全国の主要書店ではかなり目立つように置かれるし、ネット書店での順位も上昇しやすい。

他の出版社からも間違いなく注目されるから作家に執筆依頼が届くようになる。

千田本でこれまでに3万部を超えたものは15冊だ。

約２００冊中の15冊だから1割に満たない。

それでもこの出版不況の中で15回も３万部突破を経験させてもらった私が恩返しとしてお伝えできることがある。

３万部突破した本は売れたこと自体が広告になるからより売れやすくなるのだ。

つまり上昇気流に乗ると5万部、10万部へと近づいていく。

当然だが５万部や10万部を突破するためには、まず３万部を通過しなければならない。

３万部突破すると約３社から執筆依頼があり、取材・インタビューも求められる。

テレビ出演の依頼はまだかもしれないが、ラジオのゲストには招かれるはずだ。

急にあなたの周囲が賑わい、あなたは大勢から求められる存在になる。

これが１万部や2万部とは決定的に違うところだ。

あなたには何としても３万部という壁を突破して作家人生の流れを変えてもらいたい。

１万部も2万部も３万部も1冊の本を書くという作業は変わらないのだ。

だったら最初から３万部を視野に入れてあなたの知力・体力を総動員させよう。

水は99℃までは液体だが１００℃に達した瞬間に気体となって上昇できる。

それと同じで３万部突破すればあなたはどこまでも上昇できる資格を得るのだ。

121

5万部突破は、芥川賞受賞作の下限。

純文学の分野で一番有名な新人賞は文句なしに芥川賞だろう。

20世紀と比べて随分と御威光は落ちたとは言え、今でもマスコミで取り上げられる。

私も出版業界の端くれとして応援したい気分だ。

さてこの芥川賞受賞作にはめでたくミリオンセラーになる作品もあるが、ほとんどの作品は5万部〜20万部の間で着地する。

この出版不況の中で、しかも純文学で下限5万部というのは驚異的な実績だ。

あなたは純文学作家を目指しているわけではないかもしれない。

だがもしあなたの本が5万部突破すれば芥川賞の下限くらいには売れたことになる。

どんな大手出版社から見ても5万部突破した作家が今時見下されることはない。

「へぇー、5万部ですか！」と必ず一目置かれる。

もし驚かない人がいたら悔しさからマウンティングをかましているだけだ。

私はこれまでに何度か5万部を超えたことがあるが、それらの本はいずれも大手書店の入り口に籠入りで売られていた。

店内一等地に6面展開や10面展開されている書店もあったのを確認している。

書店にとっては売れる本こそが良い本なので芥川賞受賞作と遜色ない扱いなのだ。

私がこれまでに5万部突破した本を並べてみると次の事実が浮き彫りになってくる。

いずれも書店員が思わず売りたくなるようなタイトルとカバーデザインだった。

『人生で大切なことは、すべて「書店」で買える。』（日本実業出版社）はその筆頭だろう。

122

10万部突破は、直木賞受賞作の下限。

大衆文学の分野で一番有名な賞は文句なしに直木賞だろう。

芥川賞と一緒に授賞式をやっているので知っている人も多いはずだ。

ただし芥川賞と大きく違うのは、直木賞はすでに何冊か本を出してある程度の地位を築いている中堅作家に与えられるということである。

芥川賞作家は芥川賞がなければ今ほど売れなかったという小説家が多いのに対して、直木賞作家は直木賞がなくても売れっ子は売れっ子だ。

大衆文学は別名「エンタメ小説」と呼ばれることも多く、純文学と比べてより多くの人に親しまれやすい。

概して純文学よりも読みやすくて娯楽性も高いからだろう。

そのためほとんどの直木賞受賞作は10万部以上で着地することが多い。

もしあなたの本が10万部突破すれば直木賞の下限くらいは売れたことになる。

どんな分野でも10万部突破した本を1冊でも書いた作家は必ず一目置かれるものだ。

10万部突破する本は大手書店でピーク時にはミリオンセラーと遜色ない陳列をされ、出版社も書店員も「ひょっとしたらミリオンセラーに化けるかも」と盛り上がる。

現在までに10万部を大きく超えた千田本は1冊、10万部弱が1冊だ。

これら2作品が私のこれまで出した200冊超を支えてくれたのは間違いない。

そしてきっとこの先も私の作家人生を支えてくれるのだろう。

123

私が専業作家になったのは、著作数が50冊を超えてから。

中谷彰宏氏の作品に『人は誰でも作家になれる』という名著がある。

この本が私の作家人生を確定した。

職業作家になれるのは著作数が50冊を超えてからだと明記されていたのだが、これを読んだ私は理屈抜きで「正しい」と直感したと同時に「できる」と確信したのだ。

あの本を機に私の全身の細胞は著作数を50冊超えるために始動したと言っていい。

私が会社員時代に3冊の本を出したのはすでに述べた通りだが、会社を辞めたあとでも複数の組織で顧問を務めたり講演活動をしたりしてこれまで通りの仕事をしていた。

それは私の著作数がまだ50冊を超えていなかったからである。

医師になるためには医師国家試験の合格が必要なのに、職業作家になるためには何も必要ないのはおかしいと私はかねがね思っていた。

だから「50冊」という基準はとてもいい塩梅の目標に思えたのだ。
生涯で50冊出せる作家というのは全作家のうち1％に満たないだろう。
ひょっとしたら私も挫折して醜くて卑しいこんな言い訳をしていたかもしれない。
「量ではなく質が大切だよ。私は質で勝負するタイプの作家だから」と。
だが質の良し悪しなんて作家本人が口にするべきではないし死後に決まるものだ。
唯一、絶対な事実は確かに生きているうちに50冊出したという量のみである。

20万部突破した時、こう思った。

「これでもうしばらく書き続けられる」

7
作家になる

124

専業作家になったその日から、あなたの本当の人生が始まる。

私が専業作家になったのは２０１２年12月末だった。

その年の9月にデビュー5年で著作数が50冊を超えたからである。

11月中にすべての顧問先に頭を下げて「辞めさせてください」と契約を打ち切った。

会社員時代から10年以上のお付き合いだった組織も複数あったため心苦しかったが、かねてからの夢が実現しようとしているのだから仕方がない。

「そうやって千田さんが一度決断したらもうどんなに説得しても無理だから……」と異口同音に言われ、晴れて専業作家になったわけである。

２０１１年に20万部を超えるベストセラーを出してそれ以降は毎月2冊〜4冊の執筆依頼を引き受けていたため、２０１２年度の私の収入は最高潮に達していた。

職業作家を本気で目指しているあなただけにこっそり囁いておくが、この時点で私はもうお金のために働く必要はなくなったわけだ。

つまり1冊も本を書かなくても100歳まで生きていける目処が立った。

もう1秒も働かなくてもいいのに書く。

それは私が大学時代に夢見ていた最高の贅沢であり極上の人生だった。

ポーカーで言えばロイヤルストレートフラッシュを飛び越えファイブカードが揃った気分だ。

職業作家になるためにはお金を稼がなければならない。

しかしそれはあなたが贅沢三昧の生活をするためではなく一生書き続けるためだ。

私にとっては今でも執筆中の卵かけご飯が最高の贅沢である。

125

私が自分のスタイルを確立できたのは、１３５冊目からだった。

千田本１３５冊目『20代で身につけるべき「本当の教養」を教えよう。』（Ｇａｋｋｅｎ）を機に私の読者層は半分以上変わった。

２０１６年12月に出したこの千田本１３５冊目こそが私の本音の書だ。

私が専業作家になるためにそれまで長年お付き合いいただいた顧問先に別れを告げたという話はすでに述べたが、すべての顧問先にその理由をこうお伝えした。

「これから私が徐々に本性を現しますからご迷惑をおかけしたくないのです」

一瞬沈黙した彼ら彼女らは直感で私の本気を察して快諾してくれたのである。

それまで私は階層・出自・門地・学歴・遺伝の話題にはあえて触れてこなかったが、まさに〝タブーへの挑戦〟とはこれらのことだったのだ。

私はもともと大学で教育行政学を専攻しており、世界の教育制度の研究をしていた。

こう見えていい加減に旧帝大の教育学部を選んだわけでもなければ、何も考えないで教育行政学を専攻したわけでもない。

旧帝大の教育学部が教員養成ではなく教育学者養成機関であることを知った上で受験したし、教育学は法学や経済学よりも武器になると目論んでのことだった。

なぜなら幼少の頃から周囲の大人たちを虚心坦懐に観察してきて、どんなにしがない連中でも教育については一家言持っていたから、学問的な正解を知っておけば相手がどのくらい思い込みの激しいバカなのかを判定しやすいからである。

案の定社会に出てからあちこちで教育に関して口角泡を飛ばしながら持論を展開する人々にごまんと出逢ったが、そのどれもが的外れなものばかりであり自分の劣等感を解消するための退屈な自慰行為に過ぎなかった。

専門以外について語らせるとその人の地頭がわかるというのは本当の話だ。

私はＧａｋｋｅｎという最強の教育ブランドを使わせてもらいながら千田本１３５冊目で学歴について地球上に本音をぶちまけたのである。

これで私の読者層はエリートか、エリートに憧れる人しかいなくなると覚悟をした。

当初の読みは概ね的中し、私の故郷に近い名古屋大学・東海高校・旭丘高校の近所にあった大手書店で1000冊以上が飛ぶように売れた。

紙書籍だけで11刷3万4000部突破しており、電子書籍では今でも売れ続けている。

これは私にとって書くべき本だったのだ。

あなたも職業作家になったらあなたの書くべき本を書いてもらいたい。

126

中堅以上なら編集長、小粒ピリリ系なら社長と仕事ができる作家を目指そう。

優秀な編集者というのは放っておいても組織では編集長になる。

社内で「売れる本を作れる信頼できる逸材」と認められた証拠だ。

編集長になると一気に大きな裁量が与えられ、好き放題に本が作りやすくなる。

私も会社員時代はそれと同じポジションにいたのでよくわかるのだが、もうわざわざ独立なんてしなくても遣り甲斐もある上に給料もいいのだからこのままでいいのではないかと思えるほどだ。

比較的規模の大きな出版社、たとえば正社員数が40名以上であればこの編集長というデキるサラリーマンと仕事ができるといいだろう。

なぜならいちいち「上と相談します」と言われなくて済むし、即企画が通るからだ。

編集長が通した企画なのだから社内の営業社員たちも書店営業で猛プッシュをかける可

能性が高い。

よってあなたは職業作家として断然仕事をしやすくなる上に高い収入も得やすくなるというわけだ。

もちろんあえて新人を担当させる出版社もある。

そのほうが若者向けの企画を練りやすいとか育成のためという理由だ。

育成のためというのはあなたと仕事をすることによって新人編集者を育てようという狙いだが、この場合は編集長のフォローも手厚いから心配しなくてもいいだろう。

私も新人編集者に何人か担当してもらったことがある。

比較的規模が小さな出版社、たとえば正社員数が40名未満であればその会社の社長と仕事ができるといいだろう。

私は昔から一人社長や社員数10人未満の出版社とも好んで取引をしているが、それは社長と直接仕事ができるからだ。

そもそもそういう小粒ピリリ系は二流や三流の職業作家の本を出せない。

率直に申し上げて資金的にも時間的にも毎月1冊出すのがやっとだから、二流や三流の相手をしている余裕などないのだ。

よく「こんな小さな出版社でも大丈夫でしょうか？」と心配しているヘナチョコ作家がいるが、小さな出版社から出してもらうほうが難易度は高いのである。

さらにその小さな出版社から刷部数で印税を10％支払ってもらえる場合は、どれだけ幸運なのかを再認識したほうがいいだろう。

何が何でもあなたの本を売ろうとしてくれているのである。

127 個人事業主になる前に、『小説家になって億を稼ごう』Ⅱ部を熟読玩味せよ。

いざあなたが職業作家になることが決まったらまず購入してもらいたい本がある。

『小説家になって億を稼ごう』（新潮社）だ。

小説家になる人だけではなくすべての職業作家に役立つ情報が満載である。

Ⅰ部も非常に有益な情報が盛りだくさんだが、まずはⅡ部を熟読玩味しよう。

そこには職業作家になるための各種手続きがこれ以上ないというくらいわかりやすく具体的に書かれており、特に開業届・銀行口座開設・確定申告・商標登録は圧巻だ。

私も独立当初が懐かしくなった。

またこの本を読むことで自分が個人事業主であるという自覚が高まるし職業作家としてやって行くのだという心構えもできるだろう。

私の周囲の作家にも実際にいたのが、たまたまその年にベストセラーを出せて印税が数千万円入ったからと車・女・ギャンブルで全部使うような愚行は避けたい。

そんなことをしていると翌年以降の予定納税を支払えなくなり、「これは変だぞ」と判断した税務署から税務調査に入られる可能性が高まる。

もしそこで杜撰な経理処理が発覚したら追徴課税を支払わなければならなかったり、在宅起訴や最悪の場合は逮捕されたりするかもしれない。

実際に作家の追徴課税や在宅起訴のニュースがたまに流れているだろう。

それで作家人生が終わることはないかもしれないが著しくイメージが損なわれる。

そうならないためにも国民としての義務は果たしておきたいものだ。

128

ビジネス系作家は小説を、小説家は小説以外の本をもっと読もう。

職業作家として生きるためには幅広い本を読んでおくほうがいい。

これまで密室で語り合った作家たちの口からよく漏れた真実を公開しておこう。

少なくない程度のビジネス系作家たちは「小説はフィクションだからくだらない」「小説なんて学生時代で卒業した」とのたまっていたものだが、だからこそ私は声を大にしてお伝えしておきたい。

そんな風だからビジネス系作家たちの本は語彙力が貧弱で無教養なのですよ、と。

確かにあなたたちは輝かしい実績や経歴はあるかもしれないが、そこで人生が完全にストップしたまま守銭奴になった人の本は深みがなくて退屈で飽きられやすいのだ。

反対に少なくない程度の小説家たちは「自己啓発書は怪しい」「ビジネス書は机上の空論」とのたまっていたものだが、だからこそ私は囁いておきたい。

そんな風だから小説家たちは非モテで引き籠りのイメージが強いのですよ、と。

確かにあなたたちは選ばれし類稀な想像力で小説家になれたかもしれないが、自分の閉ざされた世界に籠っているだけでは浮世離れしたままで読者が激減するのだ。

中谷彰宏氏は明らかに膨大な小説を読んだ上でビジネス系の本を出し続けているし、村上春樹氏の小説にはスピリチュアルな世界観や唸らせる人生訓が満載である。

本の良し悪しを語っている時点でその人は本好きではないのだ。

職業作家はどんな本からでも嬉々として何かを自然に吸収し、それを血肉にしながら自分の作品に活かすのである。

129

取材・インタビューは、相手に質問を送らせてメールで回答すればいい。

禁断の告白をしたい。

私はここ10年くらい取材・インタビューを生では一切受けておらず、質問をメールで送らせてそれに対する答えをメールで送っている。

一つの質問につき400文字程度でと依頼されればプロとして400文字きっかりで完璧に仕上げているが、このほうが直接人からインタビューを受けるよりも遥かに完成度の高い記事になることを知ったからだ。

そもそも作家なのだから文章で勝負したほうが断然優れた仕事をするはずだろう。

どうして今まで呑気に生の取材・インタビューを受けてしまうなどという愚行を私は繰り返してきたのかと自己嫌悪に陥ったものだ。

インタビュアーにしてもわざわざ私の書斎まで訪れる必要なんてなくなるわけだし、こう言っちゃ何だがどうせ大した仕事ができるわけでもないのだから迷惑である。

たとえ取材・インタビューを30分で終わらせたとしても下手くそな文章のチェックをさせられた挙句、帰り際に推薦本を10冊とその解説も書いてくれと頼まれた女性誌もあった。

その種の雑誌は「休刊」という名の実質「廃刊」に追いやられるものだ。

それはそうだろう。

あちこちの作家に同じ醜態を繰り返して恨みを買い続けているのだから。

あなたも取材・インタビューを一度メールで完結することを検討してもらいたい。

動画インタビューも流行っているが、あれはあれで生と同じく面倒臭いだろう。

無能な人間ほど顔を見せたがって断りにくい空気を作ることに長けているものだ。

130

参加費無料の講演会は、引き受けない。

何回か講演に招かれるうちに気づかされることがある。

参加費無料の講演会は聴いている人たちの態度が概して悪いということだ。

これは私だけではなくあちこちの講演講師が漏らしている本音だが、職業作家としてわざわざ態度の悪い連中に話を聴かせる必要はない。

あなたにとって大切なことは「無料の人」という印象を世間に刻み続けないことだ。

参加費無料の講演会では遅刻者や居眠りしている人、私語をする人々で溢れている。

そういう空気に浸っているとあなたのブランドが刻一刻と劣化し続けるのだ。

あと参加者だけではなく主催者側も公務員やそれに近い人が運営していると危ない。

やらされているという態度がもろに出ていたり、場合によっては作家であるあなたに激しく嫉妬してきたり、陰湿に嫌がらせをしてきたりすることもある。

一度そういう経験をしておくこともこうして本を書くネタにはいいかもしれないが。

反対に参加者がわざわざお金を払ってあなたの話を聴きに来てくれている講演会は、概して上品かつ熱心に傾聴してくれるものだ。

職業作家はプロである以上、無料の人を相手にしてはならない。

また無料の人たちを集客したり相手にしたりする組織と関わってもいけない。

どうかこれだけは肝に銘じて日々プロとしてお金になる文章を書き続けよう。

131

自分の本の読者から成功者が生まれるのは著者冥利に尽きる。

初期の頃に保険業界向けの本をボロボロに読み込んだ読者に出逢った時、私は本当に著者冥利に尽きると全身の細胞で実感した。

たった1冊の本が人の人生を大きく変えることもある。

それは私自身が実際に1冊の本で自分の人生を一変させたからよくわかるのだ。

ところが今度はそれを無意識のうちに恩返しとして私が他者にできている。

こんなに幸せで素敵な仕事は他にないくらいだ。

それ以降もファンレターやお礼のメールがひっきりなしに届いて、私はもうすっかりこの仕事の虜になっている。

私の私淑しているある作家が「この仕事はお金を払ってでもやりたい」とこっそりと囁いていたが、本当に私も嘘偽りなくその通りに思えるようになった。

もちろんそんなことをすればすべての取引先に甘えが出ていい本が出せなくなるから絶対にしないが。

現在までにとてもここでは実名を出せないような各界のリーダーになっている読者も複数登場してきて、本当に、本当に、嬉しい。

「アイツは俺が育てた！」とドヤ顔で自慢するような醜いお年寄りだけにはなるまいと昔から決めていたので、お互いに人知れず応援し合いたいと思っている。

本当に強い人間同士というのはいちいちまめに連絡を取り合ったりしないものだ。

132

SNS・動画配信・マスコミに一切関わらないというのも、立派なブランド戦略だ。

ここではあえて逆説的なことを述べよう。

SNS・動画配信・マスコミは販売促進やブランディングに欠かせないと思っている人は多いと思うが、それはケースバイケースであり人による。

特に未熟者のうちは出版社やその他業者に応援してもらうためにもそれらを積極的に活用すべきだと思うが、ある程度の地位を築いたら逆張りも有効だ。

この場合の〝ある地位〟とは、大手書店の書棚にあなたの名前が書かれたプレートが挿し込まれるレベルがそれに該当すると考えてもらえばいい。

出版社や書店側もそのレベルの作家のことをプロスポーツ選手だとスタメンくらいの価値があると認めており、SNS・動画配信・マスコミなどには無関係で地代を払う。

書店というのは、本という極めて低単価商品を売ることで土地代を支払い続けている極めてありがたい存在なのだ。

出版社としてもネット書店で売れるだけでは本を出すわけにはいかず、リアル書店で売れてこそ本物の作家だと見なしている。

だからＳＮＳでフォロワーや登録者数が数十万人とか数百万人のカリスマが本を出してもリアル書店では売れるとは限らず、本を出し続けるわけにはいかないのだ。

ＳＮＳのカリスマたちもその辺りを熟知しており、ネット上だけではなくリアル社会でも認められたいために勲章としての紙書籍を出したがるがこれがまた難しい。

なぜならＳＮＳ・動画配信・マスコミというのは基本無料だから有料の紙書籍とは客層が違うためである。

基本的にインターネット上の無料情報には愚痴・悪口・噂話など邪悪な空気が満載でそれがウケやすい。

昔から邪悪さには無料で安っぽい人々が集うと相場は決まっている。

そういう無料かつ邪悪さの空気感やサークルに浸り続けると、気がついたらあなたの文章も安っぽくなってしまうだろう。

私自身はマスコミには一切関わらないようにしており、ＳＮＳ・動画配信は邪悪な競争に巻き込まれないように私が認定した仲間たちが勝手にやってくれている。
私は作家であってあくまでも文筆力で１００％勝負したいからだ。

133

自分の〝オワコン度〟を、虚心坦懐に把握しておく。

すべての作家が例外なく必ず言われるのが「オワコン」だろう。

大衆はピークを過ぎた成功者のことをオワコンと呼ぶからだ。

そう呼ぶことで挑戦者をこき下ろし、自分たちと同じ階層にしたがるのだ。

微笑ましいではないか。

それはさておき真面目な話をしよう。

世間の噂や評判とは別に少なくともあなた自身は自分の〝オワコン度〟を虚心坦懐に把握しておく必要がある。

それがプロというものだ。

少なくとも世間が「オワコン」と噂する10年くらい前には気づいていないと遅い。

ある大御所のお笑い芸人は30代後半の時に漫才をやっていて、これというセリフが出てこなくてオワコンを悟った。

ある大学の研究者は30代後半の時に会議終了後、「やっと帰れる」と頭を過った時にオワコンを悟った。

実は私自身も自分のオワコンを悟ったのは30代後半だった。

成功者というのはきっと自分のオワコンを世界一早く察知できる人のことだ。

もっと言うと、世界一早く自分の〝老い〟を受容できる人が成功できるのだろう。

オワコンにならない存在はこの世に一つもない。

ハプスブルク家もナポレオンも徳川家も田中角栄もオワコンになった。

オワコンにならない人はオワコンだとバレる前に亡くなっただけだ。

ここだけの話、派手な最期を遂げた三島由紀夫もオワコンだったと私は思っている。

職業作家である以上、オワコンを乗り越えなければならない。

それは過去の栄光を取り戻そうと躍起になるのではなく、オワコンだと受容した上でそれすらもネタにしてしまうのだ。

本を出せなくなった職業作家はそれをネタに『本を出せなくなった作家が読む本』を書いてしまうのである。

134

音声ダウンロードサービスを始めたのは、インタビュアーが無能だったから。

私が経営コンサルティング会社に転職したのは出版のチャンスを掴むためだったが、それ以外にも〝ついで〟に話術を習得してやろうという狙いもあった。

ご存知のように経営コンサルティング会社は見えない知恵を売っている。

その知恵を話術という包装紙で高く売りつけるのが経営コンサルタントの仕事だ。

入社直後に直感したのは「私が話したほうが売れる」という揺るぎない確信だった。

それはそのまま実現し、当時は独り語りテープをＦＡＸＤＭで売り捌いたのである。

名もなき貧しい頃から、私はすでに話術で卓越した成果を出していたのだ。

そしてそれはすべて独立後を想定した仮説と検証だった。

会社員時代には目立たぬよう二つか三つのコンテンツで抑えたが、独立直後にパッと収録した音声収録ＣＤを12コンテンツ販売してホームページ上で売れに売れたものだ。

2016年7月から私が音声ダウンロードサービス「真夜中の雑談」をスタートしたのは、それまで三桁の取材・インタビューを受けてきた結果インタビュアーたちがあまりに無能だったからである。

インタビューというのはこうするものだという模範解答を地球上に拡散したかった。

結果として「真夜中の雑談」は紙書籍と違っていくらでもタブーに挑戦できるので、どんどん発展したというわけである。

「話せる作家」というのは相当な武器だろう。

135

ＰＤＦダウンロードサービスを始めたのは、編集が邪魔だったから。

ＰＤＦダウンロードサービス「千田琢哉レポート」は、私の完全書下ろしである。

これは文藝春秋の創業者である菊池寛が「人に頼まれて書くのにはもう飽きたから、本当に自分が書きたいことを編集者や読者に気を遣うことなく自由に書いてみたい」というようなことを述べていた記憶が蘇り、私も激しく同感したために開始した。

基本的にこの「千田琢哉レポート」では誤字脱字以外に一切手を加えられておらず、ありのままの千田琢哉を堪能してもらえる。

ここで実名を出すわけにはいかないが、複数の出版社の経営者や大勢の編集者たちが購読してくれており、過去の千田本はライターを一切介さずに私が自分で書いたのを証明させてもらえてもいるのだ。

紙書籍は校閲が入るから純度１００％の本音を披露できない。

これはこれで仕方がないし、ルールを守らなければならないのはスポーツと一緒だ。

だから私は独自に「千田琢哉レポート」として純度100％の本音を披露したのである。

もちろんこちらも千田本の熱心な読者が中心であり、紙書籍に好影響を与えることはあっても悪影響を与えることはない。

この「千田琢哉レポート」を執筆中にはあの菊池寛のしかめ面をいつも思い浮かべ、「本当に自由にのびのび書けるのって素晴らしいですよね」と語りかけている。

136

紙書籍を餌にして高額セミナーへ勧誘すると、〝醜いお金持ち〟になる。

どこの出版社のことを言っているのかはあなたの想像に任せるが、紙書籍を餌にして高額セミナーへ勧誘する商法がかつて流行っていた。

今でもたまにその出版社からジャンクメールが届くので、ひょっとしたらまだ同様の商法で暴利を貪っているのかもしれない。

カバーデザインはいかがわしいショッキングピンクを中心としたものになっており、文字通り〝馬鹿の一つ覚え〟である。

業界ではこの出版社でベストセラーを出しても評価されないどころかむしろ逆効果で作家も四流が確定してしまう。

翻って、あなたはどうだろうか。

出版社に限らず作家の中にも印税だけでは生活できないから、「俺様は作家の先生」「私は本を書いているセミナー講師でございます」とマウンティングをかましながら数十万円、数百万円の情報商材を売りつけるケースもあるようだ。

そうなるともはや職業作家ではなく〝醜いお金持ち〟になってしまうだろう。

実際に私の書斎が入っているマンションでもその種の輩をたまに見かけるが、作家のオーラはどこにも漂っておらず詐欺師のオーラが全身の毛穴から滲み出ている。

醜い稼ぎ方をしていると風貌も徐々にチンピラ化してくるものだ。

本はあくまでも本であり、本にお金を支払ってくれた読者を幸せにするべきだろう。

辛いことがあっても乗り越えられるさ。
だって、作家になれたんだもの。

8

書籍を出し続ける

137

本が売れた最大の報酬は印税ではなく、次の執筆依頼である。

いい本とは何か。

難しく考える必要は何もない。

いい本とは売れた本のことである。

この事実はいくら強調しても足りないくらいだ。

そしてあなたが売れる本を書くと最高の報酬がある。

高額な印税はもちろんのこと、それ以上に次の執筆依頼が最高の報酬だ。

もちろん高額な印税はありがたい。

だが次の執筆依頼はその何倍もありがたい報酬なのだ。

作家はやはり本を書き続けなければならない。

多作家を批判する人もいるが、それは的外れだし単なる嫉妬に過ぎないだろう。

私の知る限り多作家の作品はどれも面白いし、どれも水準を超えている。

多作家はお金儲けが好きだからたくさん本を書くのではなく、面白い本を書けるからあちこちの出版社から本を出せるのだ。

これはあなたも本を何冊か出せば必ずわかるだろう。

「あの作家、最近本を出し過ぎ」という批判は一切気にする必要はない。

もしあなたがそんな批判を受けるようになったら、見事に売れっ子作家の仲間入りを果たしたと考えていいだろう。

自著が最低50冊、できれば１００冊を超えるまではすべての執筆依頼を貪欲に引き受けたほうがいい。

執筆依頼をいただけるというのは作家にとってこれ以上の至福の瞬間はないはずだ。

私は今でも執筆依頼があるたびに「首の皮一枚で生き延びた」と安堵している。

138

ガッツポーズをやらかすと、それを機に人生は下り坂になる。

オリンピックでもガッツポーズを禁止される競技があるように、人生すべてにおいてガッツポーズをやるべきではないことを知ろう。

それは相手の選手に対して失礼だからでもなければ見ていて腹が立つからでもない。

ガッツポーズをやらかした瞬間、その人の人生は下り坂になるからである。

これにはもう例外がない。

私は大学時代にパワーリフティングというスポーツをやっていたのだが、新入部員の頃から試合という試合ですべての選手たちを熱心に観察していた。

記録を見ていたのではなくガッツポーズをするか否かを見ていたのだ。

そこで帰納的にルール化した結果、ガッツポーズをした選手たちはそれを機に一人の例外もなく下り坂人生へシフトしたのである。

これが嘘でないことを確認するためにあなたは今度何でもいいからスポーツの番組を見てみればいい。

ガッツポーズをする人たちは必ずそれを機にどんどん運気を落とすこと必至だ。

もちろん私なりに理由は分析できている。

理由は次の二つだ。
①ガッツポーズはもう人生に満足してしまったため成長をやめるという指令を全身の細胞に刷り込む行為だから。
②大なり小なり周囲の人々を敵に回す行為だから。
いかがだろうか。

もちろんこれ以外の理由もあるはずだからあなたにそれを発見することは譲りたい。

大切なことはガッツポーズをした人を嘲笑うことではなく、あなたがガッツポーズをしないように細心の注意を払うことだ。

ベストセラーを出してうっかりガッツポーズをしたら、あなたはご臨終である。

139

どん底時代のボツ原稿の山が、売れたあとですべて書籍化された。

特に小説家にこれは顕著だが、デビュー前にボツになった原稿が書籍化されることはとても多い。

無名時代は「こんな原稿は小学生の作文にも劣る」と貶されたのに、売れ始めると「先生、この素晴らしい玉稿をぜひうちから出させてください」となるわけだ。

私は直接的にも間接的にもボツ原稿がすべて書籍化された。

そういう意味では長期的に見れば私の書いた原稿は一つもボツになっていない。

ここだけの話、ボツ原稿の中から結構売れた本もある。

以上は大学時代に貪り読んだ作家たちのエッセイを通して私は予習済みだったため、別に驚くことでもなかった。

だからせっせとボツ原稿を書き続けたのである。

一発当たればそれらボツ原稿はすべてお金になることを知っていたからだ。

あなたも今はボツ原稿を書き続けるのは辛いかもしれない。

しかし職業作家の誰もがボツ原稿を書き溜めた経験をしている。

ピカソのスケッチが高額で取引されているようにあなたのボツ原稿も換金される日がいつかやってくるだろう。

少なくともそれを信じられないようでは職業作家にはなれない。

とにかく一発当てればオセロゲームのようにこれまでの負けを勝ちに変えられる。

そのためには今、この瞬間の一文字一文字にすべてを注ぐのみだ。

140 ベテランや売れっ子になっても締め切りを死守するのが、一流。

あなたがこの先ベテランや売れっ子になった時に思い出してもらいたいことがある。

ベテランや売れっ子で編集者からペコペコされるようになってからこそ、締め切りを死守すべきだということだ。

大御所作家のネット動画などを見ると、「将来は自分も締め切りに追われて編集者を待たせてみたい」と勘違いする人がいるかもしれないが、そんな時代は終わった。

これからの職業作家というのは昔のようにだらしない人間は淘汰される。

ふんぞり返っていられたのは現在65歳以上の大御所作家だけだろう。

昔は出版社にホテルを借りてもらって缶詰になって原稿を書く作家もいたようだが、もう二度とそんな時代はやってこない。

当然だが職業作家とはビジネスであり役割の一つである。

職業作家が締め切りまでに依頼主を唸らせる文章を仕上げることで、出版社・書店・印刷会社といったプロ集団がまた別の役割を果たしてくれるのだ。

出版社・書店・印刷会社というプロ集団がいなければ、職業作家は単なる引き籠りのモブ男君とモブ子ちゃんに過ぎないことを忘れてはいけない。

ベテランや売れっ子になってからこそ、むしろ締め切りに厳しくなるべきだ。

そして後進たちにとって憧れの存在となり、「ちゃんとしなければいけない」という規律を維持してもらいたい。

原稿の締め切りを守れないということは、お金の締め切りも守れないということだ。

出版が遅れれば出版社・書店・印刷会社の売上も遅れる。

出版業界全体に迷惑をかけることになるわけだ。

その程度の想像力もない人間は職業作家には到底なれないし向いていないだろう。

141

1社から3冊出してもらえると、長いお付き合いになりやすい。

私は初めての編集者には「とりあえず3冊出しましょう」と提案してきた。

2007年に私が出版デビューを果たした時にはすでに本が売れなくなってきているのがわかっていたから、もし1作目が売れなくても気にしないでねという意味もあったが、私の著作数をできるだけ増やすという狙いもあったのだ。

編集者は編集者で年間何冊本を出すというノルマが課せられている。

だから声をかけやすい著者をキープできていればそれだけ助かるだろう。

あなたが編集者にとってその存在になればいいのだ。

その代わりその編集者の期待を常に1％以上は超えるコンテンツを提供し続けなければ二度と声がかからない。

換言すれば1％以上超え続けられれば3冊以上本を出せる可能性が高くなる。

たとえ売れなくてもその編集者好みのコンテンツを提供すればいいのだ。

そうすれば編集者は「これは疑う余地のない玉稿なのに売れないのは自分の責任だ」と猛省して、ひたすらあなたに次の提案をし続けるだろう。

実際に私にはそうした出版社が複数ある。

「これは売れないだろうな」と薄々感じながらも編集者の期待を1％以上超えるようにアウトプットすることで結果として売れることもあるし売れないこともあるが、私と長いお付き合いになるのは間違いない。

142 1冊で100万部は難しいが、100冊で100万部なら目指しやすい。

ミリオンセラーは狙って出せるものではない。

もちろん狙って出したと主張する人もいるかもしれないが、それは単に結果論だ。

以上は私がこれまでに取引をしてきた出版社の社員たちが例外なく異口同音に語った本音である。

無垢な私はそうした話を傾聴しながら100冊で100万部を目指せばいいと考えた。

100冊で100万部だって100冊も出さないといけないというハードルがあって難しいが、少なくとも1冊で100万部よりは確率的に高いだろう。

数百冊書いて1冊もミリオンセラーを出したことがない作家が大勢いるのに、最初から1冊でミリオンセラーを目指すのは無謀というものだ。

それ以上に私は本を出すのが好きだから100冊書かせてもらえるならそのほうがい

いとシンプルに考えたわけだが。
1冊平均1万部発行という計算も難易度は高く実際には5000部や7000部という
ことも多いはずだから、何冊かは数万部セラーを出しておかなくてはならないだろう。
だが100冊出せば何十冊かは重版がかかるし、そのうち何冊かは数万部セラーにな
る。
換言すれば何十冊かは重版がかかり、そのうち何冊かは数万部セラーにならなければ
100冊も出させてもらうことはできない。
職業作家の世界はかくも厳しいが、それでも100冊出せばステージが一変する。
本の帯に「ミリオンセラー作家」「著者累計100万部」と印字されると箔が付く。
小説の世界だと「〇〇賞受賞作」と印字されるようなものだ。
当然出版社のあなたに対する扱いも変わる。

143

ビジネス系作家の〝スタートアップ〟とは、5年以内で50冊出すことだ。

ここ最近は猫も杓子も「スタートアップ」と連呼するようになった。
スタートアップの正式な基準や模範解答はあるのだろうが、どれもまどろこしい。
私の定義ではシンプルにこうだ。
起業して5年以内に年商1000億円を突破すること。
まあ妥協しても10年以内だろうか。
そう考えると99・9％の自称スタートアップ企業は単なる零細企業なのだ。
ではビジネス系作家のスタートアップとはどのくらいのことを言うのか。
出版デビュー5年以内に50冊出すことだ。
妥協しても10年以内に50冊だろうか。
ちなみに私は出版デビュー5年以内に52冊出した。

ビジネス系作家としてのスタートアップを成し遂げたと言えよう。

これを否定できる人類はいないはずだ。

私は最初から狙っていたし、狙っていなければできなかった。

ただし「狙ってできることでもないだろ？」という反論は受け付ける。

毎日朝晩5年以内に50冊突破することをイメージしながら、目の前の執筆に魂を込めてリピートを増やすことに命を燃やし続けてきたのが私の戦略だ。

ちなみに私にとって5年以内に50冊出すのは「英検準1級」のようなものだった。

100冊突破が職業作家にとっての「英検1級」くらいだろうか。

ようやくこれからという感じだ。

あなたはあなたの基準を設けて邁進してもらいたい。

144
〝赤字にならない作家〟は、最高のブランド。

100冊以上本を出せるために一番大切な能力は何だろうか。

ベストセラー作家になることではない。

確実に100冊以上出せるのは〝赤字にならない作家〟なのだ。

昨今はますます赤字にならない作家は重宝されるようになってきた。

出版社や編集者によって多少差があるものの、平均すると10冊の新刊を出して重版がかかるのは2冊だ。

つまり出す本の8冊は赤字であり2冊の重版がかかった本が出版社の経営を支えているのである。

講談社・集英社・小学館は出版社の超大手御三家だが、いずれも経営の柱は漫画だ。

書店の売り場を見れば一目瞭然だが漫画の市場はダントツである。

すべての漫画が売れているわけではないが、売れる漫画はビジネス系の本や小説より何桁も多く売れるものだ。

要するに出版社というのは博打経営の性格が強くて売れる本に売れない本がおんぶにだっこの状態なのである。

もちろん職業作家を目指しているあなたはいつまでもおんぶされていてはいけない。ぜひあなたはおんぶする側になって〝なくてはならない作家〟と見なされ重宝される存在になってもらいたい。

赤字にならない作家として100冊も本を出していれば、1冊もベストセラーにならないということはまずないと思うが。

145

20社以上と取引実績があれば、一目置かれる。

私は著作数が30冊を超えてまもなく巻末に著作一覧を掲載するようになった。

ビジネス系の本にはこれといった賞がないため、著作一覧こそが実績になるからだ。

これは効果観面で取材・インタビューを申し込む相手のひれ伏し方が変わった。

特に大手新聞社や大手出版社といった格の高い会社ほど丁重な扱いを受けたものだ。

この変貌ぶりは悪いことではなく１００％良いことであり、一流の世界では相手の実績に対してきちんと敬える教養と知能があるということである。

会社の格が下がるほどそこで働くスタッフの教養と知能が低下するため一流の相手を正当に敬えずに最悪の場合はマウンティングをかましてしまう。

だから一流の組織は一流のプロたちと付き合うことができて、四流の組織は自称プロとしか付き合えないのだ。

あなたも職業作家になったらぜひ多くの取引先をお洒落に誇示してもらいたい。

原則作家というのは個人事業主だからしがない会社のしがないサラリーマンにさえもつい軽く見られてしまうことがある。

そんな相手を瞬殺するためにも取引先の実績を示すことが大切になってくるのだ。

20社以上と取引実績があれば「この作家に失礼なことをすると悪評が広まるかも」と相手に思わせることができ、一目置かれるだろう。

146

編集者の悩み相談を本にすれば、永遠にネタ切れにならない。

あなたが多作家になるためにはネタ切れを起こさないようにしたいものだ。

しかしどんなに頭脳明晰な作家でも所詮一人の人間だから次々とアイデアを生むには限界がある。

では多作家たちはどのようにしてアイデアを捻り出しているのだろうか。

それは編集者の悩み相談をネタにして本にしているのである。

もちろん編集者に限定しなくても家族や友人・知人でもいいだろう。

自分の周囲にいる人々を虚心坦懐に観察しながら自分の脳というフィルターを通してそれを本にすればいいのである。

だから最高の打ち合わせというのは畏まった会議ではなく雑談なのだ。

もっととっておきの知恵をプレゼントしよう。

最高のアイデアとは何度雑談を繰り返しても飽きない〝出汁の一滴〟なのだ。

一度盛り上がって飽きる雑談のネタは三流のアイデアにしかならないが、何十回でも何百回でも盛り上がれる雑談のネタは一流のアイデアに昇華できる。

以上を知っただけでもあなたは本書を読んだ意味があると言えよう。

ちなみに私は会社員時代から今日まで自ら引き受けた打ち合わせでは雑談以外は何もしていない。ひたすら雑談に次ぐ雑談を繰り返しているだけだ。

会社員たちの儀式である畏まった会議はこの世で最低最悪の寿命の無駄遣いであり、それを強要されるのが嫌で私は会社員を卒業したくらいだ。

小説家であれば休憩がてら出かけたカフェでたまたま隣から聞こえてきたカップルの雑談をネタにして物語を創造できるだろう。

私もいろんなホテルやレストランに行ってカチン！　ときたり、日常で誰かと話していて「こいつバカだなー」と感じたりしたことを膨らませて執筆に活かしている。

同じ対象を見てもそれをどう解釈するかが作家の力量なのだ。

そういう意味では私は物心ついた頃からどこか周囲の人たちとズレていたから作家に向いていたのかもしれない。

147

読者にとって麻薬的存在になったら、作家は勝ちだ。

あなたがどのようになれば職業作家として人生を全うできるのかをお伝えしよう。
それはズバリ、読者にとって麻薬的存在になることだ。
何やら物騒な話題だと思うかもしれないが、これは非常に大切な考え方である。
麻薬がなぜ禁止されているのかと言えば、悪い意味で常習性があるからだ。
つまり一度でも手を染めたら麻薬はやめられないのである。
作家はそれを悪い意味ではなく良い意味で常習性を持たせる存在であればいい。
たとえば人気漫画で考えてみよう。
あなたが本を開いた刹那、もうその漫画家独特の世界観に入り浸って血沸き肉躍る。
小説もそうだ。
あなたが本を開いた刹那、もうその小説家独特の世界観に入り浸って抜け出せない。

ビジネス系の本もそうだ。

あなたが本を開いた刹那、もうその作家独特の世界観に入り浸って胸が高鳴る。

この〝独特の世界観〟をあなたがどれだけ多くの読者に醸し出せるか、それが作家の力量であり資格なのだ。

私がこれまで出逢った人々の中で私に憧れて何冊か本を出して終わってしまった人は数多い。

会社員時代にも「自分と千田琢哉は僅差である」と勘違いしてしまい、無理矢理本を何冊か出したけれども単に醜態を晒して終わってしまった人も複数いた。

似たようなタイトル、似たようなカバーデザイン、似たような内容でも出した結果は何桁も違う。

彼ら彼女らが見るも無残な結果で終わり、私が多作家になれた理由は何か。

繰り返すがそれは彼ら彼女らにはすべての職業作家が備えている〝独特の世界観〟がなかったためだ。

俳優で言えば〝華〟がなかったのである。

この独特の世界観は生まれつき備わっている人もいるし後天的に習得した人もいる。

前者は放っておいても作家になれる。
問題なのは後者だ。
どうすれば独特の世界観を醸し出せる人になれるのか。
その答えは勇気を出してありのままの自分を受容することである。
自分の醜さや弱さと徹底的に向き合うことだ。
誰かに告白する必要はないから、自分にだけは等身大の自分を告白しておこう。
そうすれば放っておいても独特の価値観が醸し出せるようになる。
正確には醸し出せるようになるのではなく放っておいても醸し出てしまうのだ。
個性とは、ドヤ顔で見せつけるものではない。
真の個性とは、隠そうとしても隠し切れなくてつい滲み出てしまうものである。

作家にはセックスよりも
快感なものがある。
それは、執筆の依頼があった瞬間だ。

9
作家として生きていく

148

著作数が、作家の実績。

私は累計発行部数をその都度告知しているが、それは相手から求められるからだ。

中には数年前にある編集者から「それが千田さんのウリですから」とまで言われた。

ところがこの累計発行部数というのは曲者だ。

なぜなら著者本人の自己申告制なのでいくらでもサバを読めるからである。

出版業界全体が公称部数という名の嘘をついているのだから著者もそうなるのだ。

たとえば累計60万部でも四捨五入すれば１００万部になるだろうとか、累計１５０万部でも四捨五入すれば２００万部になるだろうとかというように。

本人たちもそれが悪いとは微塵も思っていないだろう。

ちなみに私はエクセルシートで「10部単位」まで累計発行部数を管理しているが。

このように著者も出版社も累計発行部数を誇示したがるが、本質はそこにはない。

本質は著作数にある。

著作数こそがその作家の実績であり、信頼なのだ。

極論すると1冊で100万部突破よりも100冊で100万部突破の作家のほうが上である。

一人の作家が出版社から100回も執筆依頼を受けるとは偉業ではないか。

出版社は本作りのプロ集団だ。

そのプロ集団から生涯で100回も「○○先生、お金をお支払いするのでうちの会社から本を出してください」と依頼されることがどれだけ誇り高きことか。

想像するだけで涙が溢れてくる。

149

個人競技で活躍した人こそ、有利な時代が到来した。

現在インターネット上で活躍している人たちの共通点に気づいているだろうか。

それは個人競技で活躍した人が多いということだ。

昭和時代や平成10年代までは団体競技の経験者が好まれる傾向にあった。

それは社会全体で協調性が重んじられていたからだ。

中高年に従順でロボットのように働く若者が評価されていたのである。

ところがインターネットが浸透してこれまで中高年たちが握っていた情報に希少性がなくなり、むしろ世代間で情報格差の下克上があちこちで恒常化したのだ。

そのためこれまでだったら「協調性がない」「不遜だ」と弾き出されていた個として才能が溢れていた若者が活躍するようになっている。

だからインターネット上で活躍しているカリスマには野球やサッカーなどの経験者はと

ても少ない（〝点〟で見れば複数いるが点の集合である〝面〟で見れば稀だ）。

それよりは卓球・陸上・体操・スキー・スノーボード・ボディビル・重量挙げなどの経験者のほうが活躍しているだろう。

あるいは茶道・華道・詩歌・声楽・楽器・絵画・彫刻などの経験者も将来有望だ。

実はインターネットが浸透する前から個人競技で活躍していた人はすでにいた。

それが作家だ。

偏屈で社会性がなくても作家ならそれが独特の世界観としてウリになる。

私も昔から団体競技が大嫌いだった。

試合で足を引っ張られるのも我慢ならなかったし、自分以外の選手が練習をしている間中ずっと待つのもストレスで蕁麻疹が出るほど耐え難かったものだ。大学時代に体育会ボディビル部に入ってパワーリフティングに打ち込んでいた時、「これや！」と思った。

誰にも邪魔されず自分の才能を遺憾なく発揮できたあの快感は生涯の宝である。

今はそれが作家という職業にすり替わっただけだ。

もちろん団体競技で活躍していた人にも作家として立派に活躍している人もいるが、あなたがそうでなかったとしても全然問題ないよという話であった。

150

貯蓄に走ったら、作家人生は終了。

貯蓄するなと言っても、常にギリギリの生活をするのはバカのすることだ。

ドストエフスキーやバルザックがギャンブルでこしらえた借金の返済のために小説を書き続けたというのを鵜呑みにして、あなたまで一緒に身を滅ぼしてはいけない。

確かに彼らは名作を遺したが「もし借金に追い立てられていなければ、もっと名作を書けたのではないか」と感じる部分もある。

それに時代とお国柄も大きく異なるため鵜呑みにしないほうがいいだろう。

どう考えても現代日本で活躍している職業作家たちは経済的に恵まれている。

まずはこの事実に目を向けるべきだ。

私も多作家たちを見習って生活のための生涯賃金はすでに稼ぎ終えている。

以上を踏まえた上で強調しておきたいのは、貯蓄に走ってはいけないということだ。

貯蓄に走ったら、作家人生は終了だと考えてもらいたい。

目標の下限の貯蓄をキープしたら、そこからはみ出した分はちゃんと使おう。

美味しいものを食べたり、行きたい場所に行ったり、たまにはあえて贅沢をしたり、最愛の人と蕩けるような日々を過ごしたりするのだ。

そうすることで必ず作品に反映されるし、それが読者への最高の恩返しになる。

こうして本を書くからには真実を公開するが、私も30代で目標の金額を貯めてからはずっと資産は増えていない。

私の無限の資産は頭の中にあるのだ。

151 不安になっても、中途半端同士で群れるな。

職業作家になっても何年も本を出せないことがある。
また執筆依頼があっても書けないこともあるだろう。
そもそも作家は人類の頭脳の限界に挑戦する仕事だ。
途中で挫けそうになるのもわからないでもない。
だが私はあえて言おう。
もし不安になっても中途半端同士で群れてはいけない。
実は私が売れ始めた頃に「こんな作家とコラボしませんか」という打診があった。
ダサい出版社のダサい編集者からである。
著作数や累計発行部数などから互角と見なされたのだろうが、私は即断ったものだ。
なぜなら私が目指すべきものは遥か上にあったし、当時の私は「上がり目」、相手は

「下がり目」だったからである。

これは極めて大切な目利きだ。

同じ実力でも「上がり目」が「下がり目」とコラボすると一方的に損をしてしまい、「下がり目」は一方的に得をする。

なぜなら「下がり目」は「上がり目」にこの先確実に抜かれるのに、しばらくの間は「あいつは俺と同格」という顔をしていられるからだ。

反対に「上がり目」は「下がり目」に対して、「あんな落ち目人間とコラボしたのは人生の汚点」という拭えないシミができてしまう。

一切の綺麗事を排除するとそういうことだ。

コラボするほどではなくてもプライベートで作家同士が親睦を深めるという名目で、その実単に傷を舐め合っているのもよくいる。

もともと気の小さいモブ男君とモブ子ちゃんだから仕方がないと言えば仕方がない。

だがもし飛躍したければ歯を食いしばってでも中途半端同士で群れるべきではない。

孤独と向き合い孤高を貫く作家こそが本当にいい出逢いに恵まれるのであり、そしてたとえ運命の相手に出逢っても甘酒のようなネチネチした関係にはならないものだ。

最後に大切なことをお伝えしておこう。
どうせなら作家仲間に限らず出版社も強い相手と組もう。
強い相手と組むとあちこちで仕事をする際にあなたは一目置かれるから。

152

「元作家」という肩書は、存在しない。

職業作家はある意味厳しい。

なぜなら「元作家」という肩書はこの世に存在せず、1冊でも本を出したら生涯作家と見なされるからである。

これは冗談ではない。

「こちらは元社長の○○さんです」

「こちらは元CAの○○さんです」

「こちらは元女優の○○さんです」

そうした紹介はあちこちで聞くだろうが、「こちらは元作家の○○さんです」という表現は聞いたことがないはずだ。

つまりあなたは本を出した途端、生涯作家として生きることになる。

この事実を忘れないでもらいたい。

もう何年も本を出していなかったとしても作家として紹介されることもある。

私からのアドバイスは「いえ、私はもう作家ではありませんよ」と言わないことだ。

実際に作家を目指して本を出すという難関を突破したのは事実なのだから。

大島渚氏はもう10年以上映画を撮っていないのに堂々とテレビで「映画監督」として紹介されていたが、あの雄姿は善悪を超越して美しかった。

私も将来からきし本が出せなくなってもあのように図太く生きたいと思ったものだ。

もし本を出せなくなってもインターネット上でいくらでも配信できるだろう。

もちろんあなたには無料ではなく有料で配信してもらいたい。

最後にあなたにこっそり囁いておこう。

作家というのはたとえ注文がなくても書き続けるものだ。

153 せっかく選ばれし作家になれたのだから、ガンガン書け。

今から10年と少し前の話だ。

大学時代からよく読んでいた哲学博士の著者から「銀座で一緒に飲まないか?」という誘いがあった。

どうやら私のブログに彼の名前が登場したのを秘書が見つけたらしい。

指定された銀座のバーに行ったところ本人がいて感激したものだ。

彼は後に7万部売れることになる私の新刊を買ってくれていた。

そして私にこう言い放ったのだ。

「ピンと来なかった」

私は彼の本を全部読んでおり、「才能のある若者は絶対に褒めてはならない。芥川がダメになったのは若くして夏目漱石に激賞されたからだ」と書いていたのを思い出しこう返事をした。

「褒め言葉として受け取っておきます」

彼は黙って頷き、そして別れ際にこう言った。

「ガンガン書け」

彼は当時すでに著作数が200冊を超えており、今でも新刊が出続けている。

彼の名前は鷲田小彌太氏だ。

私も彼の言葉をすべての作家に贈りたい。

せっかく選ばれし作家になれたのだから、ガンガン書け。

ガンガン書かないのはあなたに才能を授けてくれた神に対する冒涜だと思う。

1冊も出せずにこの先自分はどうなってしまうのだろうという、あの暗黒時代をどうか忘れないでもらいたい。

私は作家になると決めてからちょうど10年後に第1作目が出せた。

そして第1作目が出せた7年半後に100作目が出せた。

100冊出すよりも1冊を出すほうが長かったのである。

だから、私はガンガン書く。

154

運動しないと、文章が老け込む。

多くの作家たちが50代で燃え尽きてしまう。
60代以降も書き続けられる人の特徴はきちんと運動を習慣にしていたことだ。
運動と言っても激しい筋トレやフルマラソンとは限らない。
自分の性質に合った継続しやすい運動が一番いいだろう。
自宅でお手軽にできる器具を使わない筋トレだとかウォーキングがその典型だ。
作家にとって運動は勝つためにやるのではない。
自分の文章が老け込まないためにやるのである。
筋肉と脳は繋がっており、筋肉が衰えると脳も衰えるのだ。
だから運動を通して筋肉に「まだ使うから死なないでね」と信号を送るのである。
腕立てやスクワットは筋肉に上手く刺激を与えられるなら1分間もやれば十分であり、

人によっては30秒でもいいかもしれない。

ウォーキングも携帯で話しながらでも相手にギリギリ運動しているとバレない程度の心拍数がちょうどいいだろう。

とにかく座りっぱなしで一日中運動しなかったという日はなしにしてもらいたい。

ストレッチでも何でもいいからとにかく身体を動かして刺激を与えるのだ。

そもそも運動をしたくないということは、頭をまだ十分に使えていない証拠である。

人は徹底的に頭を酷使して疲労させると、必ず身体を動かしたくなるものだ。

私も著作数が増えるたびに運動量も増えている。

やはり筋肉と脳は繋がっているようだ。

155

脳に不可欠な栄養は、タンパク質だ。

作家はとにかく脳を酷使する。

脳にとって不可欠な栄養は何か考えたことがあるだろうか。

それは筋肉の成長に不可欠な栄養と同じくタンパク質である。

なぜなら我々の脳は60％の脂質と40％のタンパク質でできているからだ。

脂質とは要は油や脂肪のことなのでタンパク質こそが脳の主成分と言えよう。

古代ギリシアの哲学者たちは揃いも揃ってマッチョだったという印象があるけれどもあながち間違ってはいない。

運動生理学者の石井直方氏は筋肉を鍛えると脳に良い物質が分泌されるという仮説を立てているが、これは私の経験上正しいと確信している。

別にマッチョになる必要はないが身体を動かして豊富なタンパク質を摂取することは脳

にも好影響を与えるはずだ。

一般に毎日体重gのタンパク質を下限目標にすべきとされており、運動している人は体重の2倍gが理想とされている。

体重60kgの人は下限60g、できれば運動をしながら120gを摂取したいところだ。

そうなると普段の食事に加えてプロテインパウダーのお世話になる必要がある。

プロテインパウダーは薬ではなく補助食品なのでどうかご安心を。

私も大学時代からホエイプロテインの虜だが明らかに身体と脳の働きを維持するのに役立っている。

156

何が何でも、寝たい時に寝られて起きたい時に起きられる環境を確保すべし。

適度な運動と栄養に加えてこれが満たされればパーフェクトというのが熟睡だ。
運動・栄養・睡眠が揃うとあなたは職業作家として絶大な力を発揮できるだろう。
睡眠で大切なことは誰にも妨げられないことだ。
毎日何時間寝なければならないという価値観の強要は一切無視していい。
万人受けする模範解答ではなくあなた自身が最高だと思える睡眠がベストだ。
朝型がベストな人もいれば夜型がベストな人もいる。
あるいは何度も睡眠を小分けにするのがベストな人もいるだろう。
私の場合は寝たい時に寝て起きたい時に起きるのがベストだ。
ある時期は朝型になり、ある時期は夜型になる。
でも起きている間は常に脳はフル回転だからこれが最高の睡眠サイクルなのだ。

あなたも職業作家になれば時間を自由に使えるだろう。

その自由をふんだんに活かすことだ。

たとえ何を手放してでもあなたにとってのベストな睡眠サイクルを確保できる環境を獲得しよう。

家族が妨げになるからと別居している作家も多い。

あえて都会のタワマンに引っ越す作家もいれば反対に田舎に引っ越す作家もいる。

ここで真似してもらいたいのは「我を貫く姿勢」だ。

誰かが別居したらしいから自分も別居するとか、誰かが都会に引っ越したらしいから自分も都会に引っ越すとか、誰かが田舎暮らしにしたらしいから自分も田舎暮らしにするとかではなく、あなた〝ならでは〟の我を貫いてもらいたい。

そのわがままっぷりが作家としての味になるのだ。

とにかく職業作家として生きるためには睡眠だけは妥協すべきではない。

何が何でもあらゆる言い訳を凌駕して、寝たい時に寝られて起きたい時に起きられる環境を確保しよう。

１９５６年のフランス映画『ヘッドライト』という名作がある。

私はこの映画に登場する長距離運転手の次のセリフを生涯忘れないだろう。

「俺が結婚しないのは誰にも深い眠りを邪魔されたくないからだ」

私も深い眠りを邪魔されるのは殺意を抱くほど嫌だ。

高校時代はあと1回遅刻したら留年になるほど妥協なき深い眠りを堪能した。

あなたも私の1割くらいは深い眠りにこだわってもらいたい。

157

作家は世界を変えられる。

どうか落ち着いて読んでもらいたい。

もしあなたが世界を変えたいと思うのなら作家が一番近道だと思う。

政治家や巨大企業のオーナーたちが世界を変えているように見えるかもしれないが、それは幻想だ。

なぜなら彼ら彼女らは必ず人生のどこかで何かの本に影響を受けているからである。

これにはもう例外がないのだ。

フランス革命のリーダーだったロベスピエールは政治哲学者ルソーに心酔していた。

ナチスの指導者ヒトラーは哲学者ニーチェやハイデガーの思想に影響を受けていた。

ウォーレン・バフェットもビル・ゲイツも無類の読書家として知られている。

つまり政治家や巨大企業のオーナーたちは、例外なくどこかの思想家の影響を受けて動いていたのだ。

作家も思想家である。

つまりあなたも本を書くことで自分の思想を地球上にばら撒くという事実を忘れてはならないだろう。

あなたの本が巡り巡ってあの「北京で蝶が羽ばたくとニューヨークで竜巻が起こる」バタフライ効果のように革命に繋がるかもしれないのだ。

あるいはあなたの本がどこかの誰かの自死を思いとどまらせたり起業・結婚・離婚の決断の背中を押したりするかもしれない。

本を書くということはそのくらい影響力を与える可能性を秘めているのだ。

あなたが信じようが信じまいがあなたの自由だが、どうか私の人生に起こったことを知ってもらいたい。

私が本で書いたことはよく的中すると言われる。

確かにその通りだが厳密にはそれは正しくない。

本当は私の本の読者で各界のリーダーたちが改革や革命を起こしてくれているのだ。

「ここが問題だ」

「真因はここにある」

「解決策はこうだ」

そういう発言をすると早ければ半年以内、遅くとも2年以内にそれが実現されている。

だから私は世界を変えるためには必ずしも政治家や巨大企業のオーナーになる必要はないと思っているのだ。

それらは役割分担であり、少なくとも私の役割ではない。

もちろん私のような文章を書いていればいつか政治家や巨大企業のオーナーのように命を狙われる可能性もあるだろう。

ただし私から一つだけあなたに約束しておきたい。

作家という仕事は大変だが、遣り甲斐だけはある。

作家になって、世界を変えてみないか。

千田琢哉著作リスト——2024年2月現在

〈アイバス出版〉

・『一生トップで駆け抜けつづけるために20代で身につけたい勉強の技法』
・『一生イノベーションを起こしつづけるビジネスパーソンになるために20代で身につけたい読書の技法』
・『1日に10冊の本を読み3日で1冊の本を書く ボクのインプット&アウトプット法』
・『お金の9割は意欲とセンスだ』

〈あさ出版〉

・『この悲惨な世の中でくじけないために20代で大切にしたい80のこと』
・『30代で逆転する人、失速する人』
・『君にはもうそんなことをしている時間は残されていない』
・『あの人と一緒にいられる時間はもうそんなに長くない』
・『印税で1億円稼ぐ』
・『年収1000万円に届く人、届かない人、超える人』
・『いつだってマンガが人生の教科書だった』
・『君が思うより人生は短い』
・『作家になる方法』

〈朝日新聞出版〉

・『人生は「童話」に学べ』

〈海竜社〉

・『本音でシンプルに生きる！』
・『誰よりもたくさん挑み、誰よりもたくさん負けろ！』
・『一流の人生 ― 人間性は仕事で磨け！』
・『大好きなことで、食べていく方法を教えよう。』

〈Gakken〉

・『たった2分で凹みから立ち直る本』
・『たった2分で、決断できる。』
・『たった2分で、やる気を上げる本。』
・『たった2分で、道は開ける。』
・『たった2分で、自分を変える本。』
・『たった2分で、自分を磨く。』
・『たった2分で、夢を叶える本。』
・『たった2分で、怒りを乗り越える本。』
・『たった2分で、自信を手に入れる本。』
・『私たちの人生の目的は終わりなき成長である』

・『たった2分で、勇気を取り戻す本。』
・『今日が、人生最後の日だったら。』
・『たった2分で、自分を超える本。』
・『現状を破壊するには、「ぬるま湯」を飛び出さなければならない。』
・『人生の勝負は、朝で決まる。』
・『集中力を磨くと、人生に何が起こるのか？』
・『大切なことは、「好き嫌い」で決めろ！』
・『20代で身につけるべき「本当の教養」を教えよう。』
・『残業ゼロで年収を上げたければ、まず「住むところ」を変えろ！』
・『20代で知っておくべき「歴史の使い方」を教えよう。』
・『「仕事が速い」から早く帰れるのではない。「早く帰る」から仕事が速くなるのだ。』
・『20代で人生が開ける「最高の語彙力」を教えよう。』
・『成功者を奮い立たせた本気の言葉』
・『生き残るための、独学。』
・『人生を変える、お金の使い方。』
・『「無敵」のメンタル』
・『根拠なき自信があふれ出す！「自己肯定感」が上がる100の言葉』
・『いつまでも変われないのは、あなたが自分の「無知」を認めないからだ。』
・『人生を切り拓く100の習慣』
・【マンガ版】『人生の勝負は、朝で決まる。』

・『どんな時代にも通用する「本物の努力」を教えよう。』
・『「勉強」を「お金」に変える最強の法則50』
・『決定版 人生を変える、お金の使い方。』

〈KADOKAWA〉
・『君の眠れる才能を呼び覚ます50の習慣』
・『戦う君と読む33の言葉』

〈かや書房〉
・『人生を大きく切り拓くチャンスに気がつく生き方』
・『成功者は「今を生きる思考」をマスターしている』

〈かんき出版〉
・『死ぬまで仕事に困らないために20代で出逢っておきたい100の言葉』
・『人生を最高に楽しむために20代で使ってはいけない100の言葉』
・『20代で群れから抜け出すために顰蹙を買っても口にしておきたい100の言葉』
・『20代の心構えが奇跡を生む【CD付き】』

〈きこ書房〉
・『20代で伸びる人、沈む人』

・『伸びる30代は、20代の頃より叱られる』
・『仕事で悩んでいるあなたへ 経営コンサルタントから50の回答』

〈技術評論社〉
・『顧客が倍増する魔法のハガキ術』

〈KKベストセラーズ〉
・『20代 仕事に躓いた時に読む本』
・『チャンスを掴める人はここが違う』

〈廣済堂出版〉
・『はじめて部下ができたときに読む本』
・『「今」を変えるためにできること』
・『「特別な人」と出逢うために』
・『「不自由」からの脱出』
・『もし君が、そのことについて悩んでいるのなら』
・『その「ひと言」は、言ってはいけない』
・『稼ぐ男の身のまわり』
・『「振り回されない」ための60の方法』
・『お金の法則』

・『成功する人は、なぜ「自分が好き」なのか？』

〈実務教育出版〉

・『ヒツジで終わる習慣、ライオンに変わる決断』

〈秀和システム〉

・『将来の希望ゼロでもチカラがみなぎってくる63の気づき』

〈祥伝社〉

・『「自分の名前」で勝負する方法を教えよう。』

〈新日本保険新聞社〉

・『勝つ保険代理店は、ここが違う！』

〈すばる舎〉

・『今から、ふたりで「5年後のキミ」について話をしよう。』

・『「どうせ変われない」とあなたが思うのは、「ありのままの自分」を受け容れたくないからだ』

〈星海社〉

・『「やめること」からはじめなさい』

・『「あたりまえ」からはじめなさい』
・『「デキるふり」からはじめなさい』

〈**青春出版社**〉

・『どこでも生きていける　100年つづく仕事の習慣』
・『「今いる場所」で最高の成果が上げられる100の言葉』
・『本気で勝ちたい人は　やってはいけない』
・『僕はこうして運を磨いてきた』
・『「独学」で人生を変えた僕がいまの君に伝えたいこと』

〈**清談社Publico**〉

・『一流の人が、他人の見ていない時にやっていること。』
・『一流の人だけが知っている、他人には絶対に教えない　この世界のルール。』
・『一流の人が、他人に何を言われても　やらなかったこと。』

〈**総合法令出版**〉

・『20代のうちに知っておきたい　お金のルール38』
・『筋トレをする人は、なぜ、仕事で結果を出せるのか？』
・『お金を稼ぐ人は、なぜ、筋トレをしているのか？』
・『さあ、最高の旅に出かけよう』

・『超一流は、なぜ、デスクがキレイなのか？』
・『超一流は、なぜ、食事にこだわるのか？』
・『超一流の謝り方』
・『自分を変える 睡眠のルール』
・『ムダの片づけ方』
・『どんな問題も解決する すごい質問』
・『成功する人は、なぜ、墓参りを欠かさないのか？』
・『成功する人は、なぜ、占いをするのか？』
・『超一流は、なぜ、靴磨きを欠かさないのか？』
・『超一流の「数字」の使い方』

〈SBクリエイティブ〉
・『人生でいちばん差がつく20代に気づいておきたいたった1つのこと』
・『本物の自信を手に入れるシンプルな生き方を教えよう。』

〈ダイヤモンド社〉
・『出世の教科書』

〈大和書房〉
・『20代のうちに会っておくべき35人のひと』

・『30代で頭角を現す69の習慣』
・『やめた人から成功する。』
・『孤独になれば、道は拓ける。』
・『人生を変える時間術』
・『極 突破力』

〈宝島社〉
・『死ぬまで悔いのない生き方をする45の言葉』
・【共著】『20代でやっておきたい50の習慣』
・『結局、仕事は気くばり』
・『仕事がつらい時 元気になれる100の言葉』
・『本を読んだ人だけがどんな時代も生き抜くことができる』
・『本を読んだ人だけがどんな時代も稼ぐことができる』
・『1秒で差がつく仕事の心得』
・『仕事で「もうダメだ！」と思ったら最後に読む本』

〈ディスカヴァー・トゥエンティワン〉
・『転職1年目の仕事術』

〈徳間書店〉
・『一度、手に入れたら一生モノの幸運をつかむ50の習慣』
・『想いがかなう、話し方』
・『君は、奇跡を起こす準備ができているか。』
・『非常識な休日が、人生を決める。』
・『超一流のマインドフルネス』
・『5秒ルール』
・『人生を変えるアウトプット術』
・『死ぬまでお金に困らない力が身につく25の稼ぐ本』
・『世界に何が起こっても自分を生ききる25の決断本』
・『10代で知っておきたい 本当に「頭が良くなる」ためにやるべきこと』

〈永岡書店〉
・『就活で君を光らせる84の言葉』

〈ナナ・コーポレート・コミュニケーション〉
・『15歳からはじめる成功哲学』

〈日本実業出版社〉
・『「あなたから保険に入りたい」とお客様が殺到する保険代理店』

・『社長！ この「直言」が聴けますか？』
・『こんなコンサルタントが会社をダメにする！』
・『20代の勉強力で人生の伸びしろは決まる』
・『ギリギリまで動けない君の背中を押す言葉』
・『あなたが落ちぶれたとき手を差しのべてくれる人は、友人ではない。』
・『新版 人生で大切なことは、すべて「書店」で買える。』

〈日本文芸社〉
・『何となく20代を過ごしてしまった人が30代で変わるための100の言葉』

〈ぱる出版〉
・『学校で教わらなかった20代の辞書』
・『教科書に載っていなかった20代の哲学』
・『30代から輝きたい人が、20代で身につけておきたい「大人の流儀」』
・『不器用でも愛される「自分ブランド」を磨く50の言葉』
・『人生って、それに早く気づいた者勝ちなんだ！』
・『挫折を乗り越えた人だけが口癖にする言葉』
・『常識を破る勇気が道をひらく』
・『読書をお金に換える技術』
・『人生って、早く夢中になった者勝ちなんだ！』

・『人生を愉快にする！ 超・ロジカル思考』
・『こんな大人になりたい！』
・『器の大きい人は、人の見ていない時に真価を発揮する。』

〈ＰＨＰ研究所〉

・『「その他大勢のダメ社員」にならないために20代で知っておきたい１００の言葉』
・『お金と人を引き寄せる50の法則』
・『人と比べないで生きていけ』
・『たった１人との出逢いで人生が変わる人、１０００人と出逢っても何も起きない人』
・『友だちをつくるな』
・『バカなのにできるやつ、賢いのにできないやつ』
・『持たないヤツほど、成功する！』
・『その他大勢から抜け出し、超一流になるために知っておくべきこと』
・『図解「好きなこと」で夢をかなえる』
・『仕事力をグーンと伸ばす20代の教科書』
・『君のスキルは、お金になる』
・『もう一度、仕事で会いたくなる人。』
・『好きなことだけして生きていけ』

〈藤田聖人〉

・『学校は負けに行く場所。』

・『偏差値30からの企画塾』

・『「このまま人生終わっちゃうの?」と諦めかけた時に向き合う本。』

〈マガジンハウス〉

・『心を動かす 無敵の文章術』

〈マネジメント社〉

・『継続的に売れるセールスパーソンの行動特性88』

・『存続社長と潰す社長』

・『尊敬される保険代理店』

〈三笠書房〉

・『「大学時代」自分のために絶対やっておきたいこと』

・『人は、恋愛でこそ磨かれる』

・『仕事は好かれた分だけ、お金になる。』

・『1万人との対話でわかった 人生が変わる100の口ぐせ』

・『30歳になるまでに、「いい人」をやめなさい!』

〈リベラル社〉

・『人生の9割は出逢いで決まる』

・『「すぐやる」力で差をつけろ』